「うまく相談できない自分」にサヨナラする本

神戸正博
Kanbe Masahiro

イースト・プレス

はじめに

いまどんな悩みをあなたが抱えていたとしても、その悩みは絶対に解決できる。そう言われたら、あなたはどう思いますか？

長年悩みつづけている問題を抱えている人であれば、「そんなうさんくさい話があるわけない！」と思うかもしれません。確かに世の中には解決できないことはあるでしょう。しかし、**あなたを悩ませるどんな悩みでも、必ず解消できます。ちゃんと解決に向かって歩き出し、その悩みを乗り越えることは誰でもできる。それは断言できます。**

もしいま少しでも、苦しいとかつらい、悲しい、何もできない、成果が出ない、などと感じていて困難な状況にいる人は、ぜひもう少しだけ、本書の内容に触れてみてください。

というのも、私はそんな人の悩みを少しでも解決したいと思って、本書の刊行を決意したからです。

私はこれまで1万人以上の人の相談に乗り、解決に導いてきました。この数だけみれば、長くカウンセリング業に従事している専門家の諸先生方に比べると決して多くはない数に思えるかもしれません。しかし、私のところに悩みを抱えて相談に来る方々は「どこに相談しても解決しなかった」という人ばかりです。**つまり、精神科の病院やカウンセリングのクリニックなどに行って専門家が携わったにもかかわらず、解決しなかったり、それどころかむしろ悩みが深刻になったりした方々の悩みに日々向き合って解決してきたのです。**

なぜそれができたのかというと、私自身が過去に10年近く深い悩みを抱いてどこに行っても改善できなかった過去を持っていること、そして私はカウンセリングを行うだけではなく、カウンセラーの養成にも携わっており、これまで1500人以上のカウンセラーを育ててきたことが挙げられます。

カウンセリングに来る相談者の悩みや問題点だけではなく、カウンセリングを行う側が抱える問題や陥りがちな共通点にも精通しているから、どこに行っても解決しなかった相談者の深刻な悩みにも丁寧に向き合い、意図を汲みながら解決に導いていくことができたのではないかと思います。

相談者・カウンセラー双方の特性を理解しながら、深刻かつ長期化している悩みの相談に向き合ってきたという側面でいえば、日本でも数少ない実績を持つ存在ではないかと自負しています。だから私は、**「どんな悩みも必ず解消していくことができる」**と断言できるのです。

ではなぜ、人の悩みはいつの時代もなくなることがなく、悩みを抱えて苦しむ人も存在しつづけるのでしょうか。すでに「悩みをなくす」といったテーマの本は数多く出ているにもかかわらず、悩みを抱える人はいっこうになくなりません。

私自身も深く悩みを抱えていたときは自殺を考えるほど追い込まれ、悩んでいたくらいです。幸運にもとあるきっかけから解消することができましたが、当時は医師にも相談したし、書籍も読み漁りましたが、それで解決することは一切ありませんでした。

やがてカウンセリングを行う側になり、「悩み」に向き合いつづけてようやくその理由がわかりました。

じつは私たちは「悩み」について大きな誤解をしており、その誤解があるから悩みをなくすことができなかったのです。どういうことかというと、ほとんどの人が「悩みをなくそうとする」から、悩みが消えないのです。

そもそも悩みというのは、毎日生じているものです。
「ちょっと寝坊したけど、間に合うかしら」「今日のごはんは何を食べよう」「この人と話すの嫌だな」「来週の週末は何をしようか」などなど、ちょっとした悩みというのは常に生じています。

そんな悩みをすべて無くすということは不可能ですし、多大な労力がかかってそれこそ悩みが深くなってしまいます。そんな無数の悩みを必死で消そうとして、うまくいかない自分にさらに悩みを抱えたりするのです。

でも一方で、悩みなく過ごしている人もいます。もちろん、その人もまったく悩みが発生しないわけではありません。でも、ちゃんと解決できているから悩みが深刻にならず苦しんだりすることがないのです。

では、この悩みで苦しむ人と、そうではない人の違いはいったいなんなのか。

それは、「うまく相談できる自分」かどうか、という違いなのです。

悩みを抱えたとき、私たちはだいたい「相談」をします。私のもとにもたくさんの方が「相談」に来るわけですし、その前にも病院やクリニックで「相談」をしたり、家族や友人、職場の上司や同僚に「相談」をしています。なんとか自分が抱える悩みを解決しようと第三者に「相談」しています。

これは正しい選択です。

なぜなら悩みとは「自分では解決できない問題」にぶつかったときに、はじめてそれが「悩み」となるからです。解決できれば、悩むことはありません。会社で最新機種のスマホを渡された際、使い方がわからない人にとって、それは悩みになりますが、使い方がわかる人にとっては悩みになりません。しかし、使い方がわからなくても人に「相談」して使い方を教えてもらえれば、その悩みは解決します。うまく教えてもらえなければ解決しません。

つまり悩みとは、「相談」がうまくできるかによって大きく左右される、ということです。

もっといえば、悩みとは、「悩み自体」をなくそうとするのではなく、「相談できない自分」を「うまく相談できる自分」にすることで断然解決するようになります。うまく相談できれば、自分では解決できない問題でも、それを解決に導くような「解決策」を示してもらえる可能性がグッと高まるからです。

しかし、日本人は相談がとにかく苦手な人が圧倒的多数で、そのために悩みを抱える人がこれほど多いのだと思います。実際に、私のところに相談に来る方は多くが深刻な悩みを抱えていると前述しましたが、**悩みそのものよりもむしろ「うまく相談できない自分自身」に悩んでいる人が非常に多くいらっしゃるのです。**

でもそれも仕方がないことかもしれません。

これまで日本では明らかに「相談」という行為が軽視されてきました。というのも、「悩みは自分で解決するもの」「人様に迷惑をかけてはいけない」という意識が日本には根づいていたからでしょう。実際に、家族の金銭トラブルや精神疾患の問題など、そういったことを気軽に知り合いに相談する人はいませんでした。家族内で誰にも知られずに解決しようという傾向があまりに強いのです。

それゆえ私の見る限り、日本人の9割以上が「相談下手」のままであり、トラブルを解決できないどころか、うまく相談できないことによって悩みを深刻化させています。まさに、誰も「相談の仕方」を教えてくれないことによる悲劇だと思います。

うまく相談する方法は難しいことではまったくありません。誰だって、「うまく相談できない自分」から脱することはできます。たった今からでも可能です。そのためのポイントは大きく次の2点です。

①悩みの正体を知り、自身の悩みを正確に知る
②相談する際の「事前準備」の方法を知る

まずは自分が抱える悩みを正確に知り、把握することです。詳しくは本書で説明しますが、**悩みは「解決の困難度」**×**「自己関連度」によって四領域に分けられます。**その悩みのどこに属するかによって、最適な相談の方法・相談の相手は変わります。ですから、まずは自分が抱える悩みの性質をその都度、適切に把握することが先決です。

そして次に、悩みの性質に合わせた**「事前準備」**を行えば、誰でも相談は簡単にできるようになります。具体的には、悩みの内容を自分で把握するための見える化（外在化）をして相談のポイントを絞ること。そして適切な**「相談相手」**を選定し、相談前の準備を整えることです。内容が気になる方はすぐに第４章をご覧ください。

たったこれだけのことで、これまで誰かに相談してもうまくいかなかったことが、嘘のようにどんどんうまくいきはじめ、悩みが解決していくようになるのです。

「うまく相談できない自分」のままか、相談できる自分になるか。

たったそれだけのことで、人生は劇的に変わっていきます。人生が豊かに動きはじめます。どれだけ大金を持っていても、地位があっても、うまく相談できない人や適切な相談相手が周りにいない人は、常に悩みを抱えて不幸な顔をしています。

人生は、「相談できる自分」になるかどうかによって、それほどまでに大きな影響を受けているのです。

コロナ禍の時代を経て、私たちはますます人と接する機会がなくなりました。仕事のスタイルも大きく変化し、もう以前のように戻ることはないと言われています。「ポ

ストコロナ時代」などと言われる時代に突入し、ＡＩ技術なども進歩するなかで、社会はものすごいスピードで変化していきます。

知識はどんどん細分化し、専門化していくとも言われます。

これは裏を返せば、それだけ個々人の知識ではわからない領域が世の中にあふれていくということでもあり、「自分では解決できない問題＝悩み」が増えるということでもあります。つまりこれからの時代は、

・人との接触機会減少により「相談相手」も「相談機会」も激減する
・「自分では解決できない問題」が増加する

というふたつの要因から悩みが生じやすく、深刻化しやすい時代に突入していくということでもあります。「**相談困難化の時代**」と言っても過言ではありません。いまこの瞬間にもあなたの悩みは深刻化しているかもしれません。

でも、そんな「いま」だからこそ、本書でお話しする「相談」のスキルを身につけることで、悩みを解消するだけではなく、新しい時代の変化にも惑わされない自分になることができますし、計り知れないメリットが得られるでしょう。

また、時代の変化にうまく対応できることから、「貴重な人材」として扱われるようになります。その対応力は、人生を豊かに幸せに生きていくための力にもなります。

くり返すようですが、難しいことはまったくありません。

「相談できない自分」にサヨナラするだけ。

たったそれだけで、あなたは自然に、そして自動的に幸せになっていくのです。

本書は「相談スキル」が簡単に身につく本ではありますが、「スキルを身につける本」ではありません。**「あなた自身を変える本」**です。

いま悩みを抱えている人はもちろん、一度でも悩みを抱えたことがある人は、ぜひ本書を通して「相談」の奥深さとその効力の大きさを知り、「新しい自分」と「その先の世界」に出会ってほしいと思います。

それが、かつて相談ができずに苦しんだ私が自信を持ってお届けする、あなたの人生を本当に幸せへと変えるたったひとつの「答え」なのです。

目次

第2章 相談までに必要なプロセスを完成させなさい

第3章 突然目の前に現れた悩みにすぐ対応する方法 111

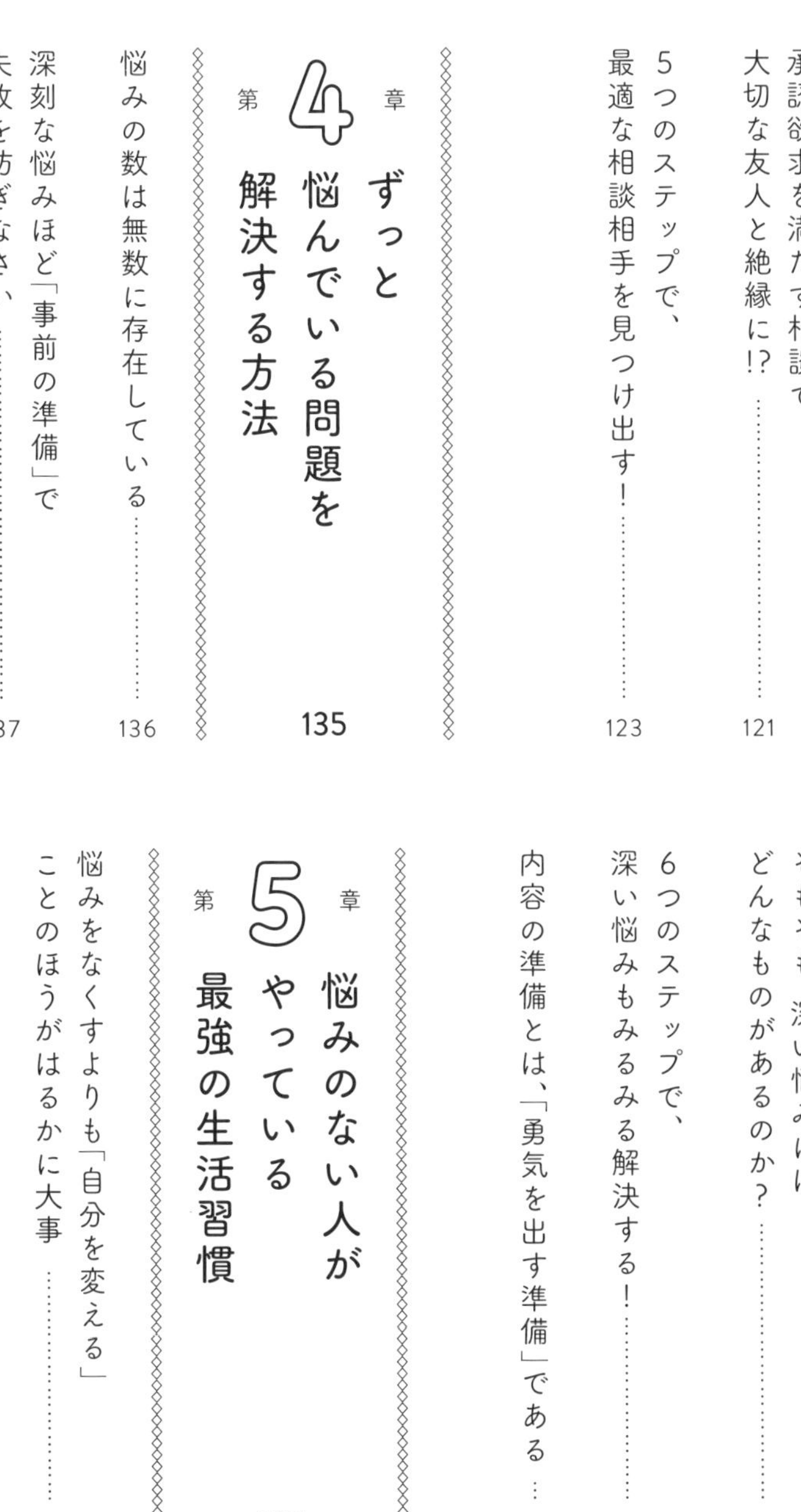

第1章

最高の人生は
お金でも才能でもなく
「相談」から生まれる

人生の質を決めるのは お金でも才能でもなく「相談」である

これまで多くの人の相談を受けてきて気づいたことがあります。それは、幸せな人生を送れるかどうか、夢をかなえる人生を送れるかどうかといった「人生の質」を決めるのは、決してお金や才能、成功ではないということです。

これは、若い頃にセミナーに通いまくっていた私にとって、すぐには受け入れがたい衝撃的な事実でした。しかし、**1万人以上の悩みに接し、解決してきた経験を重ねれば重ねるほど、それが間違いないことだと確信するようになりました。**

実際に、私のもとへ相談に来る方々は、十分な年収を得ている方もいれば、その分野ではものすごい活躍をしていて、社会的に見れば誰がみても「成功」を収めているように見える人が何人もいます。

お金持ちでも失敗して毎日つらいと感じて過ごす人もいれば、周りから見ればすごい才能を持っているのに自信がなくネガティブな人もいます。学歴の有無や一流企業にいるかどうかも、その人の幸せには直結しません。

では、いったい何がその人の人生の質を決定づけるのでしょうか？

これまでに1万人の人の悩みをカウンセリングしてきた経験から、私はその決定的な要素にたどり着くことができました。

人生うまくいかないと悩んでいる人は、うまく「相談」できない人たちばかりなのです。

もっといえば、「相談できない自分」に悩んでいる人は必ず悩みを抱えており、前向きな人生を過ごせずにいるのです。

「これ、相談していいのかな?」
「こんなことまで相談したら嫌がられるかも……」
「もし相談して、逆にダメ出しされたらどうしよう……」

こんなことをぐるぐる考えて相談できない人がほとんどです。しかし、そんな「相談できない自分」から脱却しただけで、人生が見違えるように変わった人を私は何度も目の前で見てきました。

「相談上手な自分」になると人生におけるメリットは数多くあります。例えば、相談できる相手が常にいるだけで悩みが一気になくなり、つらいことが生じてもその気持ちに共感してもらえます。相談できない状態というのは、まわりに気を許してつらさを共有できる人がいないということでもありますから、比べればどちらが人生幸せに生きられるかは一目瞭然でしょう。

相談ができないということは、本音を簡単に言えず自分自身をありのままに見せることができない、ということでもあります。また、相談できずに悩めば悩むほど、悩みに気を取られる時間も必然的に多くなり、人生の時間の大半を費やすことになりかねません。

ありのままに生き、自分のやりたいことや楽しいと感じられることに時間を割けるかどうか。

人生の充実度と相談スキルというのは、明らかに比例しているのです。

どんなにお金があっても地位を得ても、それらの上に立つ幸せというものは、一瞬にして失う可能性のある時代です。その証拠に、最近では宝くじに当選した人は誰にも知らせず、家族や親戚、親しい友人にすら隠すといいます。お金を得たはずが、それが悩みとなって本人を苦しめる材料にまでなっているのです。

そうではなく家族や友人になんでも話せて素の自分を見せていられる人は、別世界に住んでいるのかと思うほど、毎日を幸せに生きています。

その差は「相談できない自分」なのか、「相談上手な自分」なのかだけ。

お金や地位に関係なく、柔軟に、いつまでも幸せに過ごす人というのは、とにかく「相談上手」な人たちです。

「相談できない自分」から抜け出す方法を知る。

たったそれだけのことで誰もが、お金や才能がなくてもちゃんと幸せになるように世の中はできているのです。

幸せになれない人の特徴は「うまく相談できないこと」である

人生うまくいかないと悩んでいる人は、自分でも気づいていないことがほとんどなのですが、「相談できない自分」に悩んでいる傾向があります。これは若い学生から高齢者の方まで、フリーターの方からどんな一流企業の社長であっても同じです。

例えばこのような方がいます。

ある日、「うつ状態」だという一人の女性が相談に来ました。

その人は夫からモラハラを受けているとお話しになりました。夫は官僚の仕事をしているのでお金も社会的ステータスもあるけれど、どうやら愛人を作っており、それを黙認していました。周りから見ると羨ましいとまで言われるような家庭環境ですが、でも一向に幸せになれないというのです。

ずっと抱えてきて誰にも言えなかったけれど、とうとう思い切って初めて相談をしにきたということです。その女性はカウンセリングを経て夫と話し合うことができ、無事解決に至りましたが、そもそも夫のモラハラの悩みよりも「相談できない自分」にずっと悩んで苦しんでいるようでした。**だから、私が相談できない理由を読み解き、相談上手になるコツをお伝えしたことで、すごく晴れ晴れとした表情になり、私に対してもどんどんお話をしてくださるようになったのです。**

彼女の悩みは決して珍しいものではありません。

私のもとに来る相談者はさまざまな悩みを抱えていますが、みなさん根底には**「相談できない自分」**に悩んでいる自分がいるのです。

とある仕事のミーティングで、私が「質問ありますか？」と聞いたところ、目の前では手を上げなかったのに、数週間経ってから「実はここの内容が気になっていたんです」と相談されたことがありました。

よくよく聞くと確かにその質問は的を射ています。

しかし、すでに数週間が経っているので、修正が効かないほどに物事が進んでしまっていました。なぜその場で手を上げて質問しなかったかというと、「相談したいと思ったけど話すのが苦手だし勇気が出なかった」ということでした。

その人は、「相談できない自分」に数週間悩んだ末、ようやく私のところへミーティングの質問に来てくれたのでした。

また、セミナーによく参加する人も相談が苦手な人が多い傾向にあります。

自分を成長させたいと思っていたり、現状を変えたいと思っていたりする人は、悩みを抱えているためビジネスセミナーに参加する人が一定割合います。そしてセミナーに参加することで、大多数の人は満足して帰っていくようです。

しかし、数週間もすればまた大きな悩みに直面して頭を悩ませてしまい、また新たなセミナーを探し求めるのです。

なぜ、このようなことが起こるのでしょうか。

問題点は二つあります。

①本当に求めたいものがわかっていない

そもそも世の中の大半の人たちは、「自分自身で何が問題かわかっていない」という状況にいます。アンケートでは「こんなビジネスで成功したい」「こんな夢をかなえたい」のように、お金を稼ぎたい、成功したい、才能を伸ばしたい、などの声がよく聞こえてきます。しかし、なんでそれを求めているのか聞くと、一斉に黙ってしまいます。本当に自分が望んでいるものがわかっていないのです。

②「認められたい」という気持ちに気づいていない

実際にはお金や成功だけで幸せにならないことは、多くの人が心の奥底でわかっています。**ではなぜお金や成功を目標に掲げるのかというと、その裏側には「認められたい」という気持ちがあるからです。**

お金を得て家族に褒めてもらいたい。成功を収めて周囲から認めてもらいたい。

カウンセリングをしていると、そんな気持ちからお金や成功を求めている人がほとんどです。セミナーに参加すれば、夢や、やりたいことを講師や周りの参加者から受容してもらえたり、ほめてもらえたりします。だからセミナーでは、参加した時点でじつはどんな人であれ「本来の欲求」が一時的に満たされます。

だからこそ、セミナーに来れば満足度を高く感じて帰っていく人が多いのですが、それだけでは自分の心が安心しただけで、社会的にはなんら変化したわけではありません。相談上手には程遠く、それだけで満足してしまえば社会的に認められない自分に気づいてまた悩み、「認めてもらいたい」という依存的な欲求から、セミナージプシーとなってしまう心理的な悪循環に陥ってしまうのです。

ちなみに誤解を恐れずにいうなら、セミナー参加者はそもそもある程度恵まれているといえます。少なくともセミナー情報を得ることができる環境にあり、お金を払うことができるわけですから、その日の生活もままならないというわけではありません。だから、今ある幸せに気づけばいいだけ、ともいえるのです。

相談は「過去の印象」さえすり替える

人間関係で悩んでいる人が「相談上手」になることで、それまで嫌だと思って悩んでいた相手のことがまったく別人のように見え、悩まなくなることはよくあります。なぜなら、相談を通して相手の多様な面が見えたり、気にするほどのことではなかったと思えるようになるからです。

相談というのは、「過去の印象」をすり替えてしまうほど、人間関係においてすごい効力を発揮します。

これはどんなにお金があってもできることではありません。むしろお金を使って人間関係を清算すれば新たな火種が生じることも多々あります。

一方で、相談上手な自分になれば次のようなメリットがあります。

①将来のリスクを未然に防ぐことができる
②味方をつくることもできる
③必要な情報が得られる

つまり、周りの人がただの知人や職場の人ではなく、将来起こりうるネガティブな体験を防いだり、知識をくれたりして、困ったときに助けてくれる協力者になるのです。

そしてそれ以上に「相談上手な自分」になることによって、自分自身を客観的に把握し、自然と前向きに行動できるようになります。これこそが、「相談上手になる」ことの最大のメリットなのです。

親にもパートナーにも友人にも相談できないのは、どうして？

人生うまくいかない人の特徴として、自分の抱えている悩みを友人はもちろん、夫（妻）にも話せない、家族や親にも話せない、という人がほとんどです。

本来であれば、気軽に語り合えるはずの友人や同僚に話すことはできず、一番信頼できるはずの夫（妻）にも話せず、血縁関係があり安心できる場所であるはずの親にも話せない、というのです。

もちろん、夫婦関係や親子関係に悩んでいるケースでは、配偶者や親といった「本人」に直接相談はできないわけですが、だからといって友人や同僚にも話せない、ということにはなりません。ましてや、自分の親の悩みについて配偶者や恋人にも話せないということにはならないはずです。

なぜ私たちは、本来「いちばん親身な相談相手」にさえ相談ができないのでしょうか。相談をお聞きする中でよく語られるのが、「迷惑をかけたくないんです」という言葉です。**しかし、その背景にある思いこそが相談できない原因で、それは「見捨てられる不安」があるからです。**

つまり、いちばん身近な人から「見放されて愛想をつかされたくない」という気持ちが働いて相談ができなくなってしまうのです。これは、相談下手な人には必ずと言っていいほど見られる現象です。

これでは成功を手に入れ、人生を楽しく豊かに過ごすことは夢のまた夢。

私たちはつい「悩み」のほうに目が向きがちで、その悩みをどうなくすか、ということばかりが世の中を横行しています。だからこそ、お金や地位などを身につけることで幸せを手に入れようという自己啓発本や、成功哲学が流布しているのでしょう。

しかし、現実にはそれでまったく解決しないからこそ、現在悩んでいる人がどんどん増えているのだと私は感じます。
私の現場感覚では、身近な人への相談のしにくさが次のようになっています。

相談しづらいと感じるランキング

第1位　パートナー　…受け入れてもらえないと関係が終わるため、告白しづらい
第2位　親　…………血縁関係があるため受け入れてもらえる確率が高い。ただし、受け入れてもらえなければ、トラブルになりやすい
第3位　友人　………応援してもらいやすい。受け入れてもらえるとは限らないが、親に比べて関係は強くないためトラブルを回避しやすい

パートナーに相談する場合は、一緒に生活をしているぶん相談される側も「自身の問題」として直結しやすく真剣です。しかしながら家族に比べて他人なので、仮に相

談が受け入れてもらえなければ、見捨てられる可能性がゼロではありません。

例えば、お金を使い込んで借金をどんどん膨らませてしまった女性が相談に訪れたことがあります。夫は何も知らないようで、バレたら離縁させられるかもしれないと悩んでおられました。しかし、悩みながらもどんどん借金は膨らんでいってしまったのです。

この場合、女性の借金問題は夫にとっても他人事ではなく、一緒に返済を考えなければならない「当事者」としての問題になります。このように夫婦の場合は「当事者意識」が強くなるため、相談することに不安を感じてしまう人が多いのです。

実際、このランキングは「当事者意識」が高い順番に並んでいます。

親もやはり血縁関係がありますから、他人の問題とは言い切れません。借金の例でいえば、親が肩代わりすることもあるでしょう。しかし、友人に関してはそのようなことはないため、「当事者意識」は低くなります。一方で、友人関係の悩みになれば、友人の「当事者意識」は高まり、配偶者の当事者意識は低くなりますので、相談のしやすさも変わってきます。

不安がある状態で相談すれば、誰だってうまく相談できないものです。

こういった知識をあらかじめ理解しておくだけでも、いざ何か悩み事が生じた際、

「最初に相談する人」を間違えずに済むため、上手に相談できるようになるのです。

どんな悩みよりも「うまく相談できない悩み」のほうが深刻だと思え

「問題解決の方法」などがテーマの記事をよく目にします。

実際に「問題解決」をうたうセミナーは多く、書籍でも「問題解決の授業」などのテーマは人気です。そのような書籍では、「悩み」や「トラブル」を分析するところから始まり、論理的に解決していくことが語られています。

たしかに、一時的にトラブルに「対処」する方法としては有効かもしれません。しかし、少なくともその人の人生がその方法によって劇的に改善するかといえば、しません。

「悩み」そのものよりも大事なのは、圧倒的に「相談」のほうだからです。

大変な悩みを抱えている人はたくさんいます。いじめや暴力を受けている人、犯罪被害に遭った人、職場でパワハラを受けている人、婚約破棄させられた人、会社を倒産させた人……、私のもとを訪れる人は特に、それぞれが一度は自殺を考えるような方々ばかりです。

でも、悩み自体が大きな問題を抱えているわけではありません。先ほどの借金をされた女性を思い浮かべてみてください。仮に夫にその話を打ち明けたとき、「それでもあなたを愛している。だから一緒に借金を返して幸せになろう」と言われれば、悩みは小さくなり、むしろ借金のある生活でも「幸せ」だと感じるように人はできています。

だからでしょう。**「悩みそのもの」よりも、「悩みをうまく相談できないという悩み」のほうが、その人にとってはるかに深い悩みとなっているのです。**

実際に、相談できないことによって悩みが深刻化したり、間違った対応をしたり、時機を逸したりすることのほうが大きな問題に発展し、人生に負の影響を与えてしまいます。相談者の方々はそれにまったく気づかず相談に来ているわけではありません。場合によっては何か月も何年も悩み抜き、何度も相談するタイミングを間違え、相談の仕方を失敗したことで事態が悪化し、「あの時もっとこうやって相談しておけばよかった」と、後悔を重ねた後で来ています。

相談ができなかった苦しさ、つらさ、悲しさはとてもよくわかります。かくいう私自身が十年以上にもわたり、夫婦関係の悩みを「うまく相談できなかった」ことによって、自殺を考えるほど深刻化させてしまいました。自分に自信が持てなくなり、やっと知人に相談したときには軽くあしらわれてしまい、自分のすべてが否定されたようになり、罪悪感や自責感のやまない日々が続きました。

少なくとも当時の私にとって「悩み自体」よりも、上手に相談できなかったことの方がはるかに心のダメージが大きく、苦しんでいたのを昨日のように覚えています。

名古屋のマリオットアソシアホテルのラウンジで、とある女性のカウンセリングをしたときのことです。

その方はネット経由で申し込みをされた方でしたが、会うなり怪訝な顔をされました。そして開口一番、このようにおっしゃったのです。

「まさかこんなに若い人がやるなんて知りませんでした！」

申し込みのサイト上に顔写真を載せていたのですが、ご本人が不快感をあらわにしていたので、お詫びをしながら中止を提案しました。でも、その女性はすごく話したいご様子で、結局カウンセリングを受けることにしたのです。

ただ、不快感は消えていないので、いきなり通常と同様のカウンセリングができるような雰囲気でもありません。変わらず不満のあるご様子から、話の核心にも届かなさそうだと判断し、まずは信頼関係の構築に努めました。四十五分をかけてなんとか信頼関係が深まったものの、一時間のカウンセリングのうち四分の三もの時間を使ってしまったのは、とても勿体ないことでした。不快感がなくなったのを見計らって、「このまま悩みの核心に進まないと損ですよね」とお伝えし、残りの時間で相談に必要なことを丁寧にお聞きしました。

そうしたら、最初は「人間関係の相談」と言っていたその女性の悩みが、実は「息子の不登校」の悩みだと語りはじめたのです。ずっと家に引きこもっていて親とはまともに話をしてくれない。食事の時だけ顔をあわせるけれど学校の話はタブーで、少しでも言おうものならより激しく閉じこもってしまう。そんな悩みを抱えた方だったのです。

お話しぶりから、お子さんの不登校についてはこれまで誰にも話しておらず、「家庭内のトップシークレット」になっているようでした。それを人様へ話すことにものすごく心理抵抗があり、それを知られてしまうと「一家の恥」だと言わんばかりの状態でした。

でも、なんとか相談したいという気持ちと常に葛藤し、苦しみながら私のもとにたどりついたのでしょう。

それほど、この女性にとっては**「上手に相談できないこと」が深刻な悩みになっていたのです**。

カウンセリングの時間はあっという間に過ぎてしまい、それ以上相談に時間を割くことができませんでした。その女性がお子さんの不登校を告白したのは四十五分以上も経ってからで、それまでは違う話をされていましたから、せめて最後の三十分だけでも相談に回せていれば、どれほどその方にとって有益だったかと思うと、悔しくてたまりませんでした。

「相談できない自分」という悩みをなくすこと。
「相談できない自分」から「相談上手な自分」になること。

これが人生を根底から変える最もシンプルな秘訣です。

不思議だと思うかもしれませんが、悩みを解決しようと躍起にならなくても、「相談できない自分」にサヨナラするだけで、悩みは自然と解決していきます。

それほど、「相談下手から相談上手」になることは、圧倒的な効果をもたらすのです。

日本人の9割が「相談下手」で損をしている

先ほどの女性のように、ほとんどの人は「相談できない自分」を自ら変えることができません。でもそれはあなたが悪いわけではなく、仕方のないことです。

なぜなら「相談できない自分」にサヨナラして「相談上手な自分」になる方法なんて、これまで学校ではもちろん、会社でもカルチャーセンターでも、誰も教えてくれなかったからです。

私の感覚では、低く見積もっても日本人の9割は「相談下手」によって損をしています。その理由は簡単です。「悩み」について語ったり分析したりする本はたくさんありますが、**「相談」という部分に焦点を当てて分析し、本当に必要な知識を教え**

てくれる人はいなかったからです。

だから今、相談が苦手だからといって落ち込む必要はありません。日本人はみんなそうなのです。

その背景には、「自分のことを話してはいけない」という日本独特の習慣があります。もともとは「奥ゆかしさ」といった日本の美徳だったのかもしれませんが、例えば会社であれば、「本音」を漏らすと評価が下がるという風潮があります。

もちろんすべての会社がそうではないでしょう。ただ、私もこれまで六社にわたり勤めてきた経験がありますが、自分の本心よりも会社の方向性を尊重した発言をしないと、「異端」扱いされて自分が損してしまうような環境ばかりでした。それがどれほど会社のことを思ってした発言でも、「本音」を語って会社の問題点をあぶり出すことの方が、リスクになるわけです。

「相談すること」自体が自身の損失につながるリスクについて話しましたが、「うまく相談できない」ことによっても大きく二つの損をしています。

①悩みはじめから解決するまでの時間
②悩みはじめから解決するまでの気分

「時間」はわかりやすいでしょう。

例えば、会社で直属の上司からパワハラを受けている人がいたとします。毎日仕事にも支障が出るほど悩んでいますが、その上司は成績を上げているため、特別扱いをされています。業務内容のこともあり、普段は別の部署の人とは関わることがないため交流もありません。

その人にとって、毎日会社に行くのはとても苦痛を伴うものでしょう。この解決にもし一年をかけたら、その人は一年間ずっと苦しみ続けるわけです。実際には三年、五年と長く苦しんでいる人がたくさんいます。もっと早く相談できていれば、一か月もかからず解決できていたり、転職してもっといい仕事に就くことができていたかもしれません。

先ほど触れた借金を抱えた女性にしても、問題解決が長引くほど家族に影響を与えてしまうという別の問題も生じてしまいます。

未解決のまま時間を浪費するほど、解決するチャンスや転職の「機会」などを失うことになり、長期化した悩みが「新たな問題の創出」につながる可能性もあります。さらに長く苦しみつづけることで、身体疾患や精神疾患を患うリスクも高まるのです。

そしてもっと重要なのが「気分」です。

悩みを抱えていれば、その間ずっと気分はネガティブになります。少なくとも「快」の状態にはなりませんから、幸せな人生を過ごしている実感は得られないでしょう。

心理学の分野では**「気分一致効果」**というものがあります。聞いたことがある人もいるかもしれませんが、次のような内容です。

気分一致効果

そのときに感じている気分と一致する性質を持った記憶や判断が促進される現象のこと。

例えばネガティブな気分でいると、ネガティブな側面ばかりに注意が向きやすく、記憶される情報もネガティブな情報が記憶されやすくなります。具体的に説明すると、仕事で成功と失敗が同じ数だけあり、それは十分に優秀な成績であるにもかかわらず、失敗ばかり記憶に残るため「自分は無力だ」と感じてしまいやすくなります。

また、何かを判断する際にも気分がネガティブだとネガティブな判断をしやすくなり、前向きな判断がしづらくなります。そのためなかなか現状から脱出しにくくなるのです。

日本人は9割以上が「相談下手」です。

私が過去に勤めていた会社でも、9割以上の社員が相談するタイミングや相談内容を間違え、さらには相談する自分に自信が持てないことで何度も同じところでつまずき、仕事を円滑に進められないときがありました。

一方、相談上手だなと思う人もいて、それが五パーセントくらいの印象です。すごく「甘え上手」で気兼ねなく相談をしてきて、相談を受ける側としても嫌な感じがまったくしないのです。上司という立場で見ると、どうしても「相談上手」の人のほうが物事も早く進み、またパフォーマンスもよくなるため、よりよい評価を与えることになります。もちろん私の場合は、相談が苦手な社員を気にかけて声をかけるなどのフォローをしてはいましたが、そんな上司ばかりでもないでしょう。

日本人は、人によっては十年、二十年と悩みを抱え続けている人がたくさんいます。

これ以上、人生の時間と気分を失わないでほしいなと、日々相談者を見ていて思うばかりです。

「相談できない自分」をやめれば、人生は劇的にうまくいく

今でこそ一万人の悩みを解決し、全国から相談者が訪れるカウンセラーにまでなりましたが、その背景には私自身が長年苦しい思いを誰にも相談できずにいた経験があります。だからこそ、「相談できない自分」でいることがどれほど苦しくて、自己嫌悪に陥るかもよくわかります。また、「相談できない自分」から脱却したことで、どれだけ人生に劇的な変化をもたらしてくれたのかも実感しています。

そんな私のエピソードを少しお話しさせてください。

私は過去、ハラスメントを受けつづけて離婚をしたことがありました。

そのときは自殺も考えました。何度も何度も考えました。毎日、死のうかどうかが

頭から離れない、そんな生活を送っていたのです。

たまらず家を飛び出し、数週間ネットカフェに逃避したこともありました。

それでも死にきれず、なんとか生きて今がありますが、大きな総合病院の精神科に行ってもまったく解決しなかった経験があります。

また、相談者へのカウンセリングに加えて、カウンセラー自体の養成の仕事を通して、常に「相談する側」「される側」の両者と関わっています。それもあってか、どこの病院に行っても改善しなかった精神疾患の方や、どこに相談しても解決しなかったクライエントが、最後に頼るのが私のカウンセリングの場となりました。

そこで実績として積み重ねてきたのは、ただ「悩みを解決する」ということではなく、「なぜこの人はこれまでうまくいかなかったのか」という本質的な疑問に対する試行錯誤の経験です。そして辿り着いた答えが、「相談できない自分を変える術を知らない」というものでした。

それだけのために、何十年という人生を苦しいまま生きてきた人ばかりだったのです。

自己肯定感が低い人も、ぐんぐん上がる魔法の習慣

昨今、よく雑誌のコラムでも目にしますが、自己肯定感が低い人が増えています。自己肯定感が低いと、人間関係がうまく構築できなかったり、仕事で思わぬミスをしたり、自信が持てず力を十分に発揮できなかったりと、さまざまな弊害が生じます。私のもとへ相談に来る方は、百パーセントと言っていいほど自己肯定感が低い方ばかりです。

実はこの自己肯定感、相談と密接な関係があるのです。

相談上手な人は自己肯定感が高いし、苦手な人は自己肯定感が低い。当たり前のように感じるかもしれませんが、大事なのは次です。**悩みを抱えて相談に来た人たちも相談上手になるだけで、どんどん自己肯定感が上がっていくという事実があるのです。**

何十年という単位で悩みを抱え、自己肯定感は地の底を這うほど低かった方々が、特別な心理療法を施したわけでもなく、「相談上手」になったことで自己肯定感がどんどん高くなる現象が何度も起きています。人生において幸せに生きるための秘訣は「高い自己肯定感を持つこと」という人もいるくらい注目されている「自己肯定感」

ですが、その観点からも「相談」というのは、人生を幸せに生きるための最重要な要素でありながら、今まで誰も気づいていない盲点だったのです。

かくいう私もいまだに自己肯定感は低い方だと思いますが、それでも相談できない自分から抜け出せたことで、自殺ばかりを考えていた当時からは圧倒的にポジティブな人生になり、今では幸せな生活を掴むことができました。

相談するほど悩みが解決しないのはなぜ？

上手に相談をするには、いくつかのプロセスを踏まえて準備する必要があります。

例えば、次のようなプロセスがあります。

・悩みの種類はどんなものか？
・相談すべき人は誰がいいのか？
・どのくらいの時間がかかるのか？
・どこで相談すべきか？

悩みの種類は仕事に関連した話なのか、家庭なのか、それとも別の人間関係の話なのか。誰に相談するのが良さそうか、相談する場所や時間、シチュエーションはどのように設定するのがいいのか。

それらすべてをクリアして初めて「上手な相談」ができるわけですが、特に準備などせず相談しようと思っても、たまたまうまく噛み合うことは、残念ながらほとんどありません。

もっといえば、私たちの多くは下手な相談をすることによってむしろ悩みが解決できない状態に陥っていることさえあるのです。

その代表的な例が「**オオカミ少年現象**」です。

ちょっとした浅い悩みが生じた際、特に考えたわけでもなく、その時一緒にいた友人や同僚に、誰彼かまわず相談する人がいます。相談を受けた側はさほど深刻でもなく、また自分が受ける必要もないような「浅い悩み」に対して応えることになります。何をどう相談するか考える前に、とりあえず自分の「不満」や「不快感」をぶつけてしまいがちで、相談したことでかえって相手から嫌われることさえありえます。

これをくり返していると、本当に深い悩みを話したときに取り合ってもらえない、という童話のオオカミ少年のようなことが起こってしまうのです。まさに、不用意な相談によって信頼関係を「食べている」状態です。浅い悩みが生じたときに、ぜひ気をつけてほしいポイントです。

一方で、悩みが深い人も相談するほど、解決が遠ざかっているケースがあります。

それは、悩みが深くなり過ぎているがゆえに、なかなか切り出せなかったり、前置きが長すぎたりして、自分の言いたいことを最後まで言えないケースです。**「相談の罠」**ともいえます。話を聞いてもらうこと自体は本人にとって気持ちのいい時間ですから、相談内容をちゃんと整理しておかないと、うっかり本題を話す機会を失ってしまうのです。

相談は自分の時間だけではなく、相手の時間も消費してしまいます。相手も深刻な相談を聞き続けるのは負担がありますから、本題に入り本心を伝えないと、「結局なんの話だったのか」と相談を受ける熱も冷めてしまいかねません。

相手の時間を浪費することによって**「信頼関係の消費」**を起こしているのです。

先ほど自己肯定感の話をしましたが、私たちは相談のプロセスを知らないがゆえに相談を失敗してしまい、ほとんどの人が自己肯定感を低下させるネガティブループに陥りやすくなります。
「相談の罠」に陥らないことが、あなた自身の信頼を守ることにもなるのです。

そもそも、悩みの正体ってなに？

これまで、人生において「相談できない自分」とサヨナラすることが、いかに重要かをお伝えしてきました。人生の幸せというのは、お金や成功で得られるものではまったくありません。人は日々悩みを抱え、それを解決できるのか、それとも更に悩みを大きくしてしまうのか。人生を幸福にすることのできる相談スキルを持つ意味は、計り知れません。

私たちが抱える悩みには、ちょっとしたものから深刻なもの、ときに人生を大きく決定づけてしまうものまでさまざまあります。人によって内容も性質も異なる「悩み」ですが、意外と知られていないことがあります。

それは「悩みの正体」とは何か、ということです。

うまく相談するためにはまず、「悩みの正体」が何なのかを知らなければ、悩みに対して正確には向き合えませんし、解決へ正しく進んでいくこともできません。

そもそも、悩みが悩みになる「絶対条件」とはなんでしょうか。

それは、「解決策がわからないトラブル」だということです。悩みというのは解決したら悩みではありません。

また、悩みがあっても「解決策」がわかっていれば、やはり悩みとはいえないでしょう。参考までにいくつか具体例を示しましょう。

〈例①〉

家の電球が切れて真っ暗になってしまいました。電球をどこで購入できるかわからず、近くに家電量販店などがなければ、真っ暗な中で「どうしよう」と悩むことでしょう。しかし、近所のコンビニで購入できると知っていれば、悩むことはありません。

〈例②〉

夕方から体調が悪くなり、風邪の症状が出てしまいました。夜遅くまでやっている病院を知っていれば、大きく悩むことはありません。仮にそれが休日だった場合、やっている病院は少ないでしょうから、情報がなければ不安になり、より症状も悪化するかもしれません。しかし、ひとたび病院に行き、薬を飲んで治ってしまえば、悩みはなくなるといえるでしょう。

〈例③〉

久しぶりに会う友人と美味しいごはんを食べに行こうと思ったとき、先方の都合で東京駅のお店を探すことになった場合、東京駅周辺に詳しくなければ悩むことでしょう。しかし、お店を知っているか、もしくは頼りになるグルメサイトを知っていたり、詳しい人にいつでも聞けたりする状態であれば、それを頼りにすればいいので悩むことはありません。

例①〜③のように、悩みが生じても「解決策」が見つかった時点で、それは悩みではなくなります。**つまり悩みとは、自分では解決できないから「悩み」たりえるのです。**

先ほどの例①〜③はあくまで一時的なトラブルであり、必ず解決策が見つかるものなので、浅い悩みであり「瞬間的な悩み」といえるでしょう。一方、深く長期的な悩みの場合、自分一人では解決できない問題か、もしくはそもそも明確な解決策がない

（シンプルな解決策がない）性質のものが大半です。

例えば、自分が所属する会社で赤字経営が続いており、倒産寸前の状態に陥っているとします。転職するには年齢が高く、特別なスキルもありません。しかし、まだまだ家族を養っていかなければいけません。そんな折に親の介護問題も生じました。

この場合、「会社の経営」というのは自分一人でコントロールできるものではありません。また、「これをすれば経営が回復する」という明確な答えがあるわけでもありません。親の介護も同様で、本人の意思や医者の指示、地域の施設の充実度、兄弟らのサポートの有無など、自分一人では解決できない問題です。

このような場合は、悩みが長期化しやすくなります。

瞬間的な悩み……必ず解決策が見つかるもの

長期的な悩み……自分一人では解決できない、もしくは明確な解決策がないもの

まずは悩みの「絶対条件」を知り、自分の悩みが瞬間的なのか長期的なのか、どちらに属しているかを知るだけでも、相談の足がかりになっていくのです。

意外と知られていない「相談リスク」とは？

日本人は相談下手が多いという話を前述しました。それは自己開示が苦手な国民性もありますし、相談の目的をはっきり言わないのを良しとする風潮も後押ししていることでしょう。

それに加えて、悩みによるデメリットを必要以上に大きく感じてしまうことが、日本人の「相談下手」になる原因の一つです。

相談にはメリットとデメリットの双方が存在しますが、リスクという観点から見れば、それぞれ二種類のリスクが生じます。

・相談するリスク＝相談者との関係の変化、秘密を知られる、自己否定されるなど
・相談しないリスク＝悩みが解決しない、問題が長期化し大きくなるなど

このリスクがあるからこそ相談は決して簡単ではありません。場合によっては、相談したことによってリスクのほうが上回ってしまい、結果として相談前よりも悩みが深刻化してしまったという人もたくさんいます。

本来、悩みへの解決策を求めて相談しているはずが、気づけば愚痴を吐き出して終わってしまう人も多いもの。その場合、それまで隠していた事実が知られたり、さらには「そんなことで悩んでいたの？」「なんで隠していたんだ！」などと叱責を受けたりして、凹んでしまうこともあります。よくあるケースでいえば、「お前がそんなんだから浮気されるんだよ」といったように否定されたり、相談された側は叱咤激励のつもりで「もっとちゃんとしろよ！」と言った言葉が相談者にとっては傷つく言葉になっていたりもします。

中には親身になって自信を失っている相談者を助けようと「絶対こうしたほうがいいからこうしなよ」と「説得」する人もいます。

それがきっかけで、相談した人と関係が悪化して距離が生じてしまう。**せっかく信頼関係があって相談したはずなのに、なぜか悩み相談をしたことで信頼関係にヒビが入ってしまっている。**だから相談を気軽に上手にできないでいるのです。

相談の仕方が上手い人は仕事も人間関係もうまくいく

相談が上手な人は、この「相談リスク」を（無意識や直感的にせよ）知っていて、相談するリスクを自分のなかで最小化し、相談しやすい環境を創出しています。相談することに抵抗がなくなるため、相談の経験値も上昇し、相談スキルも自然と身についていきます。

相談上手になれば仕事でも対人関係でも余計な行動が少なくなります。

例えばとある相談者が、役員になるのにやたらこだわる人でした。あなたの周りにも出世ばかり気にしている人が一人くらいいるのではないでしょうか。その相談者は、好きな仕事を求めることもせず、どんな手段を使ってでも役員になろうとして悩んでいたのです。

なぜそこまで役員になることにこだわっていたのか、カウンセリングを通して丁寧に紐解いていったところ、本当に求めているのは**「家族からの承認」**でした。つまり、「家族に認められたい」という気持ちがあって悩んでいたのです。

相談の仕方をアドバイスし、その方は家族にありのままの気持ちを伝えて、自身の在り方を相談しました。すると、家族は「役員になんてならなくていい」と思っていたことに気づいたのです。しかも、家族は相談者に対してすでに十分感謝していたのです。

その気持ちを知ったことで、それまでの「役員にならないと家族に認められない」という気負いがなくなり、負担も消滅しました。それにより、仕事にもちゃんと正面から向き合うことができるようになったと言います。もちろん、家族仲が以前より良好になったのは言うまでもありません。

この方の場合は、家族にうまく相談できたことで、仕事も家族関係もいっぺんに改善した好例だったと思います。

価値観を押し付けるカウンセラーに当たったらすぐに立ち去れ

誰に相談しようかと悩んだときに、カウンセラーに相談しようとする人が増えてきました。しかし、いいカウンセラーばかりではありません。カウンセラーにも最悪な人というのは残念ながら存在します。**最悪なカウンセラーとは、自分と異なる価値観を押し付けてくる人です。**

そういう人はすぐにわかるので、早々に相談を切り上げるのが吉。でないと、カウンセリングを受けているはずなのに、傷つけられてしまうという「事件」へと発展してしまいます。実はこれは珍しいことではなく、こんな事例がたくさん発生しているのです。

私自身も多数のカウンセラーを養成してきて感じるのは、「傾聴」が基本であるカウンセラーでさえ、意外とそれに徹することは難しく、やはり専門的スキルが求められるということ。ましてや傾聴してちゃんと相談内容を受け入れた上で、話をしてくれるカウンセラーはまだまだ少ないのが現状です。

私がカウンセラー養成をする際には、その点を厳しく注意して指導をしています。

特に次の2タイプのカウンセラーにあたった場合は、すぐに「離れ」てください。

①否定系カウンセラー

「あなたの考えは間違ってるよ。こうしなきゃいけない」などと諭してくるカウンセラーです。このカウンセラーに当たった場合は、相談の途中でもいいので切り上げてすぐに退散しましょう。お金が勿体ないかもしれませんが、傷つけられることに比べれば、いい「勉強代」だったと割り切って、次の一歩に繋げた方がはるかに有効です。次に良いカウンセラーを選ぶことができれば、十分に元が取れたと言えます。

②感想戦カウンセラー

カウンセリング中にちゃんと話を聴いてくれたから良いカウンセラーかというと、まだ断定はできません。というのも、カウンセリング中は「傾聴」に徹していたとしても、「カウンセリング後」に傷つける言葉を浴びせてくるカウンセラーも一定数存在するからです。終わった後に「あの時こう思ったんですけどね」という言葉を合図に、ダメ出しをしてきます。そういったカウンセラーは、「カウンセリング時間は終了した」と思い途端に普段の話し方になって、まるで将棋の「感想戦」かのように振り返るのです。

こういうケースがあると知らなければ、突然の方向転換に驚いてしまうため、衝撃も強く傷つきやすいもの。より最悪なケースといえるでしょう。

男性では「決め台詞」を用意している人までいます。「相手を変えたい」というコントロール欲求が強い人なので、それに取り込まれないように十分に気をつけましょう。

どうしてもカウンセラーの言葉は信用してしまいがちですので、時には言動を疑ってみたり、一定の距離を持って信じ込まないことも「相談上手」になるためには重要です。

カウンセラーに相談したことがきっかけで、ますます「相談できない自分」に陥っていく、そんなことにだけはなってほしくないのです

あなたは100%「言葉足らず」である

初回の相談から相談内容のポイントをちゃんと押さえて、正確に話ができるということは基本的にはありえません。私も含めて、**相談をする時というのは、必ず言葉足らずの説明をしてしまっているものです。それをあらかじめ認識できているかどうかは、相談のクオリティに大きく影響します。**

私たちが人に悩みを相談するとき、意識できている「顕在的な悩み」を話します。悩みだと思っていなければ相談しませんから当たり前のことです。しかし、潜在的に気づけていない悩みというのが往々にして存在します。

例えば、何がなんでも役員になりたいと相談してきた人は、心の奥底に「家族に認められたい」という悩みがありました。しかしその悩みには気づかずに、役員になれないことに悩んでいると思い込んでいたのです。

そもそも、潜在的な悩み、課題、問題意識など、潜在レベルにも気づけて話ができる人は自分で問題解決できる人です。しかしほとんどの人ができないから、第三者に相談することで必要な解決策を得るわけです。私がカウンセラーとして思うのは、相談者の心の奥底にあるものを引き出し、その本質について相談することこそ、カウンセリングの場だということです。

だからこそ、相談というのは自分一人だけでうまくいくものではなく、「相談相手」も揃ってはじめて「上手な相談」が成立するのです。

「ごめんなさい、言葉足らずで……」
「話がとっ散らかってますよね……すみません」
「私の話、わけわかんないですよね……」

こんな言葉をカウンセリング中に言われることが何度もあるのですが、気にすることはまったくありません。言葉足らずの段階からスタートしたとしても、それはキーワードをどんどん表に出していくことによって「自分自身の潜在的な悩み」に気づいていくという段階だからです。

潜在的な悩みにさえ気づけば、解決策も見えてくるので、解決までの道のりも早くなり、それに伴って人生が一気に好転しはじめることもよくあります。

ただ、だからといって何も考えずに相談していいわけではないのは、これまでにもお伝えした通りです。

特に「うまく相談できない人」に共通しているのは、基本的な状況説明を事前にちゃんとまとめる準備をしていない、ということです。基本的な状況説明に時間を取られてしまうと、本当に大事な内容に割く時間が短くなってしまい、解決策から遠ざかってしまいます。

うまく相談ができない人は、話し方が下手なわけではなく、「解決策を話し合うまでの時間の使い方」を間違えてしまっているのです。

「つらい気持ちを話せば楽になる」の大きな落とし穴とは？

相談をする際に、基本的な状況説明ができない人には大きな共通点があります。

それは、「感情」を中心に語ってしまう、ということです。

感情を中心に置くと必要な情報が不足し、かなり偏った情報をもとに相談することになります。

よくあるのが、「あいつが悪いんだ！」と語るケースです。相談者が客観的になれないと、実は相談を受ける側も客観的になることができません。相談を受けた側は共感をベースに語る、ということも要因のひとつですが、やはり「あいつが悪いんだ！」

に導かれるような情報になりがちだからです。

一方で、「全部私が悪いんです」という方も少なくありません。これも「感情」で語っているケースで、相談に必要な情報が不足し、偏った情報で相談をしていますどちらのケースにせよ、**それは悩み相談というより「愚痴」に近いものになっていて、悩みの解決からは遠のいてしまう相談の仕方といえます。**

でも中にはこう思う人もいるでしょう。

「愚痴を吐くことだって大事なことじゃないの？」

「つらい気持ちを吐き出すだけでも楽になりますよね」

いかがでしょうか。そのような言葉を聞いたことは誰しもがあると思います。

しかしこれは、心理学の観点からいうならば**「強化」**という現象を促すため、やはりおすすめはできないのです。

「強化」というのは、ある刺激（強化子）によって、特定の行動が維持されるようになる仕組みを言います。つまり、特定の行動がより「強化」されるということです。

例えば、悲しい時にいつも同じバラードの曲（強化子）を聞いていたら、その曲を聴くだけで悲しい気持ちが喚起され、増幅します。また、学校の授業中に先生の質問に答えて誉められたことで、さらに質問へ答えるようになる、というのも強化のひとつと言えるでしょう。

これと同じように、愚痴を話すことで一時的にストレスが解消される経験をくり返すと、ストレスを緩和させるためにどんどん愚痴を吐き出すようになっていきます。そうなると、第三者が客観的に見れば全然違う捉え方をするようなことでも、その人にとっては真実かのように思い込み、どんどん真実からも適切な相談からも遠ざかっていってしまいます。

特に危険なのは、愚痴を言いつづけることで癒しになるどころか、「恨みの強化」になるパターンです。こうなっては、悩みの解決どころかどんどん深みにはまってしまいます。

もちろん、相談相手も何度も愚痴を聞かされれば、やがてうんざりして相談自体受けなくなるでしょう。

「うまく相談できない」という人の中には、いつも愚痴や自己卑下のように「感情」を中心に相談してしまっているため、うまくできないという人が意外に多いのです。

だから私は、相談者の自罰的・他罰的になっている「感情」については、なるべく

肯定も否定もしないようにしています。悩みには必ず「解決策」がありますから、その解決策にたどり着くためには、どうしても「感情」はノイズになってしまうのです。

やや話は逸れてしまうのですが、相談を受ける人はよく「共感」が大事という認識を持っています。確かに、現代カウンセリングの祖であり来談者中心療法（クライエント中心療法）を創設したカール・ロジャース氏も、「共感的理解」ということを語っています。しかしそれは、相手の立場に立って物事を見るということであり、それにより理解を深める行為をいいます。

しかし、中にはまるで、相談を受ける側が相談者に「同意」するのがいいかのように勘違いしている人がいます。残念ながらこれは、カウンセリングを職業にしている人にも見られる「落とし穴」です。

英語にするとわかりやすいのですが、相手を理解するための「I feel」と、相手に同意・同調する「I agree」はまったく違います。

同意してもらうと味方を得た気持ちになり、一時的に不安が和らいだり気持ちが紛れたりするのもよくわかります。しかし、本当の悩み解決にはならないということを覚えておかないといけません。

それどころか、ネガティブな感情をより強化させてしまい、悩みが長期化する可能性さえあるのです。

結局は、「準備次第」で成功確率が段違いになる

相談は「準備」ですべてが決まると言っても過言ではありません。

そのために、適当に誰かに相談するのではなく、ちゃんと相談のプロセスに沿った準備をして、相談する必要があります。

そういうと、難しい作業が必要なのかと身構える人もいるかもしれませんが、決して難しいことではありません。相談というものの正体を知り、**自分の中で悩みの「区分け」をすることによって、準備自体は簡単にできるからです。**


本書を読み進めていけば、ちょっとしたノウハウを知るだけで相談がうまくいき、一生悩みに左右されない幸せな生活ができることに気づきます。これまで愚痴や不満を言っていた人生からサヨナラすることができますし、不快な感情を抱く時間が大幅

になくなっていくので、これまでの人生が嘘のように「楽しいこと」だけに時間を使えるようになります。

また、相談がうまくいけば仕事や人間関係もうまくまわりはじめますから、どんどん自分に自信もついていき、周囲からの評価も自然と得られるようになります。

一方、うまく相談する方法を知らないばかりに、準備もせずに行き当たりばったりで相談をしてしまったらどうでしょうか。

自分の内面感情や、他人にはオープンにはしないような「プライベート」な話をするのが相談です。相談を失敗すれば、次にまた相談しようと勇気を持つまで、場合によっては数年単位でかかる人がほとんどです。

私のところにいらっしゃる方でいえば、五年十年と相談ができなくなったという人も珍しくありません。これは人生において本当に大きな損失で、悩みを解決できない人は「幸せになるチャンス」を幾度となく取りこぼしてしまいます。

人生を楽しく豊かに、そして幸せに過ごせるかどうか、それはお金や地位があるかどうかではありません。悩んでいた相談者が、その悩みから脱して幸せになったときの表情を見るにつけ、私は「うまく相談できない自分」を卒業し、相談上手になることこそ人生を楽しく幸せに生きる最も重要な要素だなと確信します。

相談は、「成功の鍵」であり「幸せの鍵」でもあります。

上手に相談する方法を身につけることが、幸せな人生を手に入れる「すべての入り口」であり、最強の武器なのです。

第2章

相談までに
必要なプロセスを
完成させなさい

どうしたら悩みは解決するのか？

悩んでいる人の九十九パーセントは気づいていませんが、悩みとは**「自分の中に解決策がないトラブル」**です。解決策がわかっていれば悩みません。解決策がない、もしくはわからなくて「自分が解決できない」ものに遭遇してしまうから悩むわけです。

突然、イタリア料理を振る舞うことになったとき、美味しいイタリア料理を作ることができる人は悩みませんが、その方法を知らない人にとっては何とも言いがたい悩みとなります。そして料理本を買ったり、料理が得意な友人に聞いたりして、方法がわかれば悩みは解消されていきます。

もっと根本的に「料理自体が苦手」だから悩む人がいたとします。この人は学生時代からはじまり、社会人になっても全然料理の腕が上達しませんでした。料理本を買って読んでも、ネットで「コツ」を見てもいっこうに上達しません。こういう場合は、どうしていいかわからず悩みは解消されないまま、むしろより深くなっていきます。

このように、悩みとは「解決策がある悩み（浅い悩み）」と「解決策がない悩み（深い悩み）」の二種類に大別されます。

解決策がある悩みとは、自分では解決できないが、他者なら解決できる悩みのこと。イタリア料理の例もそうですし、また別の例でいえば、うまくクッキーが作れない、などといった悩みも同じです。お菓子作りが得意な人に聞いたり、本やネットで情報を集めることで解決策を得られます。

ただ、必ずしも答えが得られるとは限りません。正しく相談しないと正しい解決策にも結びつかないからです。これがとても重要です。

もしかしたら、わざわざ相談しなくても自分自身が成長することで「解決力」が身につき、相談することなく解決することもあるかもしれません。ただし、その場合は多くの時間と労力等が必要となるため、効率的とはいえません。

「解決策がない悩み」でわかりやすいのは健康の悩みです。

事故に遭って取り返しのつかない怪我をした人にとって、元の健康な身体になりたいという悩みは、容易に解決策が転がっているものではありません。糖尿病になって食事制限のある人が、「もっと自由に好きなものを食べたい」と悩んでも、やはり簡単に解決策は出ないでしょう。病院に行っても見解が異なることは多々ありますから、少なくとも一人で考えて解決するには非常にハードルの高い悩みです。

「お金がない」といった経済的な悩み、「自分に自信が持てない」といった内面的な悩みも、なかなか解決策のない悩みといえるでしょう。お金がない人が一念発起したからといって、急にその日からお金の心配がなくなるほど稼げることはありません。仮にそんな選択肢があったとしても、そんな仕事をしてもいいものか、むしろ悩みは深くなるばかりでしょう。

自分に自信が持てない（自己肯定感が低い）という人も、長年の経験によって生じた内面的な悩みであり、ちょっと人に褒められて認められたからといって、急に自信がつくわけではないのはみなさんもご承知のとおりです。目に見えないものであり、個人の体験によっても原因や解決方法は千差万別ですから、やはり一定の決まった解決策は「ない」悩みだといえます。

長年にわたって悩んでいる人というのは、「健康を手に入れたいけど、お金がないから不規則な仕事もしなければいけなくて、そのせいでさらに健康状態が悪化する」などというように、複合的に「解決策のない悩み」が折り重なっているケースもあります。

この場合は、何かひとつ解決すれば悩みが解消するものでもないので、自分で悩みを抱え込まずに第三者に相談するのが鉄則だと心に留めてほしいです。

理想を高く掲げすぎると、悩みが深くなる

理想が高すぎる悩み、というのも相談者にはよく見られる傾向です。

どういうことかと言うと、「仕事のモチベーションが維持できないんです」「もっといろんなことがしたいのにやる気がこれ以上出せなくて……」という悩みです。

こういった悩みを持つ人は、自分より「上」のパフォーマンスをする人を見たときに、自分と比較し自己卑下が生じて悩みはじめます。 すると「私もあのようにならないといけないのに、できない」などと考えて落ち込むようになるのです。読書が好きな人が相談に来ましたが、その人は「私、三か月に一冊くらいしか読まないんです。全然ダメですよね」と報告しました。私からすれば、忙しい中で自分の成長のために一冊本を読み込むだけでも、本当にすごいことだと思います。

でも上には上がいますから、その人たちと比べてつい自分を卑下してしまい、「これ以上のモチベーションが維持できない」と悩んでしまうのです。

理想が高くなればなるほど、それを達成するための「解決方法」はより難しいものになります。 単純に「毎月一冊本を読む」という理想の人と「毎月十冊本を読む」という理想の人では、そのために必要となる時間や購入費、本の置き場所など、さまざ

まなことをクリアしなければなりません。

だから「今の自分」と比べてあまりに高い理想を見てしまうと、悩みが深くなってしまうのです。

もちろん理想を持つこと自体は大事なことです。実際に、理想が高くてもちゃんと具体的な目標を持っている人や、理想までの階段をしっかりと描けている人は悩みません。悩むよりも、新たに設定した目標をひとつずつクリアするために努力するからです。

中には自力で理想に近づく方法がわからず、指導者を探す人もいるでしょう。その指導者によってやるべきことが明確になった人は急成長を遂げる人も多くいますし、一方でその指導者に疑問があれば悩みは深まります。そういう人に限って、自分のなかに湧いた疑問を抱え込んでしまい、指導者にも仲間にも相談できずに時間を浪費して深みにはまってしまうのです。

第1章でもお伝えしましたが、「うまく相談できない」人ほど、せっかく相談できる相手がいても方法を知らないため、相談まで至らず悩みを深めてしまうことがよくあります。

本章では、もう悩まない人生を送るためにそもそも悩みとはなんなのか、そして相談とはなんなのか、そのメカニズムについてお話ししたいと思います。

悩みとは、解決したいと願う心的エネルギーである

ひとつだけ、勘違いしないでほしいことがあります。

それは、深い悩みを抱えている人は「ダメな人」といった印象を持つ人がいますが、そんなことはまったくない、ということです。むしろ、困難な課題に対してひとりでよく頑張ってきた方々だと思っています。実際、私はいつも相談にいらした方に対して、「こんなに大変なさなか、こうしてカウンセラーを調べて相談に来るなんて本当にすごい！」と思っています。なぜなら、自分が悩みで苦しんでいた時には、そこまで行動できなかったからです。

そういう意味では、悩みによって立ち止まることもありますが、「行動を起こさせ

てくれるのもまた悩み」です。**悩みとは「心的エネルギー」の高い状態だと、私は思います**。

悩みが深いほど心的エネルギーが大きくなるので、相談に行くなど行動の原動力になっているともいえます。そういう意味では、悩むことでエネルギーが高まった状態というのは、成功もしやすい状態とも言えるでしょう。

あとは、悩みという「心的エネルギー」を行動力という「動的エネルギー」に変えるコツを覚えて習慣にしてほしいと思います。では、どうすれば行動力に変えていけるのか、そこで役立つのがやはり「相談」なのです。うまく相談できれば、その「心的エネルギー」を限りなく百パーセントに近い状態で、「動的エネルギー」に転換することができます。相談の質によって、生まれたエネルギーをどこへ向かわせるのかが決まるのです。

もっと具体的に言うと、「悩み」という心的エネルギーは、相談次第で「情熱」「やる気」「モチベーション」へと変化します。中には、「悩みが深すぎて今は動けません」という人もいるかもしれません。しかしそれは、自分のなかにエネルギーを留めている状態だと思って構いません。どこにエネルギーをぶつけたらいいかわからない状態なので、「苦手を克服しよう」「いい面を伸ばそう」とか、もしくは「この経験を新しい活動に繋げよう」など、「放出先」を見つけてしまえばいいのです。

あとは、その放出先がすぐ見つかるか、時間がかかって何年も見つからないかの違いだけ。その時間を「相談」によって短縮させてしまいましょう。

ただし勘違いしてはいけないのが、悩みは深くならない方が良いにこしたことはないということです。悩みによる「総エネルギー量」は、無尽蔵に貯まるわけではなく上限があります。深くなるほどいつまでも貯まるという話ではなく、最大のエネルギー量は変わらないので、やはり早い段階で悩みという「心的エネルギー」を「動的エネルギー」に変えていくことがベストなのです。

悩み＝「解決の難しさ×自己関連度」で決まる

悩みというのは誰しもあります。

悩みにはさまざまなレベルが存在し、人は小さな悩みから大きな悩みまで抱えています。それを自分の中で整理できないと、悩みの渦にはまって抜け出せなくなるばかりか、どんどん大きくなって手がつけられなくなります。

これまで悩みとは、前提条件として**「解決策のないトラブル」**だとお伝えしてきましたが、ここからはより詳細に「悩み」とは一体何なのかを分析していきます。

何故なら悩みの構造を知ることで、「相談」の適切な準備が可能となるからです。

悩みとは、次の二つの軸によって四領域に分類されます。

軸①その人にとっての主観的な解決の難しさ（主観的困難度）
軸②その人のパーソナリティ領域にどれだけ関わる問題か（自己関連度）

軸❶その人にとっての主観的な解決の難しさ（主観的困難度）について

悩みとは、「解決策のないトラブル」だと繰り返し伝えていますが、その解決の難しさは悩みによって違います。明日会議に必要なアプリの使い方がわからないのと、二か月後に使用するアプリの使い方がわからないのでは、仮に同じアプリだったとしても、前者の方が緊急性は高く短い時間で理解する必要があるため、解決する方法もより限定的になるでしょう。

また、新しいアプリの操作や類似したアプリの操作に慣れている人など「機械に強い人」であれば、一度説明書や解説を見ればわかると考えていて、さほど悩むこともないでしょう。しかし、インターネットや新しいものに疎く「機械が弱い人」であれば、新しいアプリに対する苦手意識はより強いため、まったく同じ状況でも悩みの深さは違います。

その人にとって課題を解決するのが難しいと感じられるかどうか、つまり「主観的困難度」が高いかどうかによって悩みの性質は変化します。

軸❷その人のパーソナリティ領域にどれだけ関わる問題か（自己関連度）

あなたは明日、会議で司会進行役を務めるものの、その際に必要なアプリの使い方がわからないとします。緊急性はそれなりに高いといえるでしょう。

しかし明日の会議に必要なアプリの使い方がわからない状態でも、たとえばアプリに詳しいリーダーが横で補佐をしてくれたり、使い方がわからなくて会議の進行がちょっと滞ったところで叱られるものではない、とわかっていればどうでしょうか。おそらくそれほど焦ることもないし、深く悩むこともないのではないでしょうか。

しかしこれが、誰も補佐役がいない会議であるばかりか、非常に重要な会議で社長ほか役員も出席する重要な会議だったとしましょう。自分がプロジェクトリーダーを務める企画の総決算ともいえる会議で、その内容によって昇進や賞与の金額など、社内での待遇が大きく左右されるとしたらどうでしょうか。しかもその成果によって評判も決まるかもしれません。

アプリの存在に気づいた瞬間に青ざめて、必死で解決策を探っても見つからなかったとしたら、心の底から「どうしよう‼」と悩みはじめるのではないでしょうか。そして「もしうまくいかなかったら自分はどうなるのだろう？」「会議が進まなかったら叱られてしまう……」「いつも肝心なときに自分はダメなんだ……」などとネガティブな思考にとらわれがちになり、悩みがさらに深くなるというループに陥っていくのです。

ちょっと条件を変えてみましょう。

例えばその司会進行役のプロジェクトリーダーがあなたではなく会社の上司で、あなたはそのチームの一員だとします。その企画が失敗に終われば自分の評価に直結するのは変わりません。「実は明日、必要なアプリがありその使い方がわからない」とその上司から連絡が入ったとします。

どうでしょうか?

たしかに、「えっ、どうしよう」と悩みはするでしょうし、「評価が悪くて給料に反映されたら困る!!」と思いはしても、自分がリーダーの場合と比べれば、悩みはそこまで深くないのではないでしょうか。自分自身が評価されるわけではないため、自信を失うこともなく、また「ダメな人」というレッテルを貼られることもありません。自己肯定感が低い人にとっては、「ダメな人」と評価されるのは何事にも代えがたい苦痛ですが、このようにパーソナルな領域に関わらなければ、悩みはさほど大きくありません。

つまり自己関連度とは、どれだけ自分のパーソナルな領域に影響を与えるかということであり、自己関連度が高いほど悩みは比例して深くなるということです。

このように、同じような問題を抱えていたとしても、本人が感じる主観的困難度（解決するのがどれだけ難しいと感じるか）と、その人にとっての自己関連度（どれだけ自分に関連しているか）によって、悩みは分類されていきます。
この二つの変数によって、悩みの大きさが決まってくるのです。

解決困難な問題に対する悩みでも、自分自身の資質が問われるような問題と、他者が抱えている悩みを共有している場合とでは、悩みの大きさや深さは変化し、同じにはなりません。同じではない以上、解決に向かうための相談プロセスにも影響するので、まずは相談の分類分けを理解することが必要です。

「悩みマトリックス」で自分の悩みをまず分類しよう

実際に「解決の難しさ」と「自己関連度」によって、どのように分類されるのかを見てみましょう。軸が2つあるので、「2×2＝4パターン」で四つの領域が存在します。

悩みマトリックス

主観的困難度（高い）

②　①

自己関連度（低い）　自己関連度（高い）

④　③

主観的困難度（低い）

①の領域：主観的困難度（高い）×自己関連度（高い）
②の領域：主観的困難度（高い）×自己関連度（低い）
③の領域：主観的困難度（低い）×自己関連度（高い）
④の領域：主観的困難度（低い）×自己関連度（低い）

四つの領域はそれぞれ悩みの性質が異なり、相談のしやすさ、相談のコツ、そして相談を成功させるための「準備の特徴」なども少しずつ異なります。

まずは自分の悩みがどこに該当するのかを知り、自分の悩みを分類できるようになるのが大事です。自分の悩みを客観的かつ正確に把握している人は、意外と少ないものです。例えば、自分的には関連度が高いと思っていても意外とそうではなかったり、解決は簡単だと思っていても、心の中では「きっと無理だ」と思っていたりするのは、相談者によく見られる誤認です。

そのような悩みに対する「認識のズレ」が生じているからこそ、相談する相手や仕方を間違えてしまい、「相談してもうまくいかない」という一種の「恐怖症」が植え付けられることもあるくらいです。

あなたが抱えている悩みはどの領域にあるでしょうか？

少し考えみて、悩みの分類にチャレンジしてみてください。

こうして悩みを「**見える化**」するのは、とても重要な作業です。**自分の悩みを俯瞰して見ることで、悩みをコントロールしやすくなるという、思わぬ「恩恵」も生まれます。**その恩恵は大きく、悩みを「わかっている」「コントロールできている」と感じられるだけで、誰かに相談するときに「ありのままの状態で正確に相談できる」ようになります。カウンセリングでは「何から相談したらいいかわからない」と言われることが多いのですが、相談したい内容が整理されておらず、自分自身で把握できていないようでは、解決もスムーズに進まなくなります。

整理されていない人ほど、目の前の状況が変わったりちょっとしたことが生じたりすると、混乱の方へ焦点を当ててしまいパニックにも陥りやすい傾向があります。そうなるとますます冷静ではなくなり、状況の把握を間違え、相談内容もただの「愚痴」になってしまい、解決に向かうものではなくなります。

このマトリックスを利用し「見える化」することで、それを防ぐのが相談の第一歩ともいえるのです。

相談するかどうかを決定づける最も重要な「決め手」とは？

悩みがあるからといって、適当に相談をしてはむしろ逆効果になり、悩みが深くなってしまう可能性があることは既に述べたとおりです。**効果的に相談をする際に意識してほしいのは「相談リスク」という考え方です。**

私たちはあまりに直感で相談することが多く、また「相談相手」について教えられることがないため、「相談リスク」についてもあまりに無防備なのです。

では、「相談リスク」とは何かというと、**「相談することによってむしろ不利益を受けるリスク」**と言い換えられます。具体的に挙げるならば、次のような内容です。

・相談したのに解決へは向かわず、時間とお金ばかりを浪費する
・人が怖いとわかっているのに他人と接触する
・陰口を言われて自分の悩みが広がる
・自分だけしか知らない秘密が相談者にバレてしまう
・その秘密を第三者に拡散されてしまう

発売記念3大特典

「うまく相談できない自分」にサヨナラする本

特典1 【オンラインプログラム】

「傾聴の学校」に無料ご招待

「相談の乗り方」が動画とLineでアクティブに学べるコミュニティにご招待します。「ゼロ秒カウンセリング」、「心のCTスキャン」、「瞬間ラポール」**などが学べます!**

特典2 【動画】

「うまく相談できない自分にサヨナラする6 Step　解説」

本書のメソッドをより理解・実践できる詳細動画。

特典3 【動画】

「悩みが消えていく誘導瞑想」

ただ聴き流すだけでOK!著者本人が本書のためだけに作成した瞑想動画です。

■「うまく相談できない自分」にサヨナラする本

こちらの QR コードから本書専用 LINE にご登録後キーワード「相談」を入力してください

↓QR コードが読み込めない方はこちらから

https://lin.ee/8t5LVQV

※裏に返して大切なご案内をご確認ください

大好評！YouTube

著者のYouTubeチャンネルのご案内

美しいBGMと効果的なアファメーションをただ聴き流すだけで、あなたの潜在意識に作用する動画を無料で提供しています。


↓こちらのリンクもしくはQRからLINEにご登録後YouTubeにアクセスしてください。

（チャンネル登録をお願いします）

https://lin.ee/8t5LVQV

ポジティブな勘違いを生み、「どうせ幸せになる」価値観へと変化を促す

深い回復力を促進し
『1日を癒やす』
4K ULTRAHD
寝落ちOK
今日もよく頑張ったね この動画でリラックスしてね
聞き流し誘導瞑想

聞き流している間に潜在意識下にある癒やしのエネルギーを活性化させる

4K ULTRAHD 朝の7分で1日ポジティブ
自己肯定感を上げる
アファメーション誘導瞑想
聞き流し 寝ながらOK
朝の使い方を潜在意識を素敵にしちゃおう

朝の7分でポジティブアンテナを立て、1日を通してポジティブ体験しやすい状態を作る

お金を引き寄せる
4K ULTRAHD
波動に自動調整
アファメーション瞑想

『希望の額を潜在意識へ書き込む』そして、豊かさとお金を引き寄せる

※裏に返して大切なご案内をご確認ください

・秘密がバレることで昇進停止や離婚等につながり、社会的立場を失う
・相談によって心の傷口が広がる
・プライベートな部分を語ることで、今後不必要にプライベートへ踏み込まれる
・悩みの内容を笑われたり否定されたりする
・「悩んでいること」自体を否定される

いかがでしょうか。

相談するのは良いことのように思いがちですが、相談とは多くのリスクがある行為です。心理療法の分野で著名な明治学院大学文学部心理学科の金沢吉展(よしのぶ)教授は、その著書『カウンセリング・心理療法の基礎』(有斐閣アルマ)の中で、**実際にカウンセリングを継続する人の割合は四割しかいないことを指摘しています**。半分以上の人が、相談を継続せずに終了してしまっていることを考えると、そもそも入口の時点で「失敗」してしまっているのです。

半分以上の人が失敗するのが相談であり、リスクの大きさを少なからず理解していただけたのではないでしょうか。

リスクのわかりやすい例でいえば、意中の人に告白するかどうかを悩んでいる場合があります。相談をすれば「意中の人」が誰かを相手に知られることになります。それが学校や職場の場合、噂話として広められたらその環境に居づらくなるでしょう。同じ人を好きな人が他にもいた場合には、先手を打たれるかもしれませんし、アプローチできないよう圧力を受けるかもしれません。

仕事が辛くてうつっぽい症状に悩んでいる場合、それを他者に相談することによって「気のせいだ」「たるんでいる」「気持ちが足りない」などと追い込まれる恐れもあります。もし仕事の上司に相談してそのようなことを言われたら、次の日から仕事に集中できないおそれもありますし、過度な緊張状態が続くかもしれません。

もしくは、「精神的に不安定で仕事に支障あり」と解釈されて、好きな仕事や重要な仕事から外されてしまうおそれもあります。現代では信じられないような話ですが、昔ながらの企業だと、悩んでいるだけで経歴に傷がつくことも決してないわけではありません。自殺未遂の経歴があるというだけで、不当な待遇を受けるケースもあります。

このように私たちは、悩みを抱えた際に本来の悩みとは別にもう一つの悩みを抱えはじめるということです。**それが「相談リスク」なのです。**

相談によって心の傷口が広がることもあれば、悩み自体を否定されることもあります。おそらくそのようなことを経験したからでしょう、私のもとに来る相談者には長年の悩みにもかかわらず、「こんな相談をしていいのかわからなくて……」とお話しになる方がたくさんいます。

私が「大丈夫ですよ」と声をかけると、目に涙を浮かべながら「実は以前、カウンセラーさんに相談したら『それは悩みじゃないよ!』と言われて怖かったんです」と告白されることもあり愕然とします。「いつまでそれに悩んでいるの?」と言われることもあるそうです。

三、四年の歳月をかけて悩み抜き、いよいよ「誰かに相談しなきゃいけない!」と思って一念発起したのに、突き返されることもあるというのはリスクでしかありません。そんな経験をしたら、傷ついて次にうまく相談できなくなるのは当たり前だと思います。

親にもパートナーにも話したことがないようなことを他人に話すのは、それなりに勇気を出さなければいけません。だからこそ、**相談リスクをいかに下げるかが、相談すべきかどうかの最大の「決め手」になってくるのです。**

相談リスクには大きく分けて2種類ある

相談に伴うリスクには様々あるため、もしかしたら「どんなリスクがあるのかわからない」「何がリスクになるって考えたらいいの?」と感じた人もいるかもしれません。でも安心してください。リスクは大別すれば2種類しかありません。リスクが何かを考えすぎて悩んでは本末転倒ですから、まずは代表的なリスクをしっかり押さえることが大切です。それは次の2種類です。

①傷つきリスク
②社会的信用低下リスク

❶傷つきリスクとは

相談をすると、相手によっては悩みを笑われたり否定されたりすることがしばしば起こります。意を決して相談をしたのに、否定された時のショックは大きいものです。たとえば「男性に話しかけることができない」という悩みを持っている女性が「お前、いい歳して何を言ってるんだ！」「それは、あなたに勇気がないだけ、がんばらないと想いも伝わらないよ！」などと言われたら、もう誰にも相談できなくなるくらい傷つくかもしれません。

もしくは過去に遡り、それまでの人生や考え方、価値観を否定されることもあります。「男性に苦手意識があるのは、あなたの考え方とか性格に問題があるのよ」などと無下にしてくる人もいるかもしれません。

このように、自身の内面や価値観などを直接的に傷つけてくるリスクがあります。これを**「傷つきリスク」**と呼んでいます。

❷社会的信用低下リスク

相談した人しか知らないはずの秘密が近所の人や会社に広まっていた、ということもよくあります。相談自体はちゃんと聞いてくれたような素振りだった場合、しばらくは気づかないことも多く、気づいた時にはもう対応できなくなっていることが多いのがこのパターンです。

趣味嗜好、病歴、犯罪歴などのプライバシーに関わる内容や、プライベートな内容が他人に知られることで、社会的信用が低下する場合があります。また、今の環境で過ごしづらくなることもあります。これが**「社会的信用低下リスク」**です。

相談リスクを細かく見ていけばキリがありませんが、大別するとこのように二種類のリスクに分けられますので、この二つのリスクがどれだけあるのかをきちんと把握するように心がけてほしいのです。もちろん、悩みの種類や立場によってもリスクは変わりますから、悩みごとにリスクをしっかり洗い出して「見える化」していきましょう。

「相談＝悩みの領域×相談リスク」で考えるとうまくいく

相談にはリスクがある以上、相談することのメリットとデメリットを天秤にかけて、メリットの方が大きくなければ相談する意味がありません。

「相談のメリット＞相談によるリスク」

この関係が成立すると確信してはじめて、相談を実行するべきなのです。相談リスクとはどのようなものかを大まかに伝えましたが、**相談リスクを知れば、そのリスクを減らすことが誰でもできるようになります。**

ただし、悩みが四つの領域のどこに属するかによって、相談リスクは変わってきます。

そこで次は、具体的に悩みの種類によって、相談リスクや相談メリットがどのように変化するのか考えてみましょう。

★パーソナル領域に関わらない場合

例えば、「今日の夕食は何を食べようか」「出張で大阪に来たから美味しいものが食べたい」などという悩みは、自分のパーソナリティ領域に関わらない悩みです。相談リスクは低く、そのぶん相談メリットのほうが大きい傾向にあります。その日の夕食や出張先での夕食に何を食べようか悩んだ場合、隣の席やたまたま一緒になった同僚に「最近できた良いお店知らない？」などと聞くことはあると思います。それで、「こんなお店があるから行ってみたら？」と言われれば、悩みは解決するかもしれませんし、「いや、知らないですね」と返されたところで、ほぼダメージはありません。

つまり、パーソナル領域に関わらない悩みの場合、相談リスクは低いため、相談するメリットのほうが圧倒的に高いと言えます。

会議でアプリの使い方がわからなかった例の場合、仮にそれが「上司」や「友人」の話なら、「ねえ、私の友人がこのアプリの使い方わからなくて悩んでるんだけど、知らない？」と訊くのは、隣の同僚でも上司でも、別の友人やはたまたSNSでの相手でも、さほど気にならないでしょう。

よく自分のことを「友人の話なんだけどね……」と言って相談する人がいま

すが、これは意識的に相談リスクを低下させている、実は心理的にとてもうまい方法だといえるのです。

★パーソナル領域に関わる場合

パーソナル領域に関わる悩みは、自分の内面やプライバシー、または自分の評価などに関わる悩みです。例えば、恋愛の話だったり、容姿や内面に関わる話、健康状態に関する話や、昇進のかかったプロジェクト案件などがそれに当たります。

誰が好きか、どんな趣味を持っているのかは、その人のプライベートな情報です。どんな病気があるのかも極めて個人的な情報になります。

それを知られることによって、社会での評価や判断につながり、不利益を受ける可能性があります。例えば、会社で部下を指導する立場の人が「アニメが好き（アニオタ）」だとバレて「あの人は休日、早朝から並んで美少女キャラのグッズを買い漁っているらしい」「プライベートでは声優の追っかけばかりしている」「BL漫画が好きでイベントにまで足を運ぶほど」などと、本来なんの問題もない趣味に対し偏見の目で見られ、威厳を失うことがあります。それをたまたま一緒になった同僚に「どう思う？」と訊いても、「えっ、そんな趣味があったの？」と驚かれて逆効果になりかねません。次の日には、社内に広まっている可能性だってあります。

パーソナリティ領域に関わる悩みは相談リスクが高くなるため、相談の難易度も上がります。相談する前にまず準備を整えることで、「相談リスクを低下させること」に注力する必要があるのです。

解決の難しさによる違い

悩みの解決の難しさによっても、相談リスクは変化します。

悩みはそもそも「解決策がないトラブル」ですが、細かくいえば、「他者から見れば解決策がある場合」と「他者から見ても解決策がない場合」があります。

前者なら例えば、フレンチの作り方がわからないという悩み。みんなが知っているわけではありませんが、知っている人も一定数いますし、解決策は明確に存在することがわかります。ですから相談された方も、自身が解決策を知らなくても気軽に解決策へ導くアドバイスはできるので、相談したこと自体を批判されることは稀です。「フレンチの作り方知らないらしいぞ！」とバカにした人がいたとすれば、むしろその人のほうが評判を落としかねません。

しかし、例えば薄毛に悩んでいるといった自分の容姿についてや、異性が苦手で悩んでいるという場合には、明確な解決策も正解もありません。そのぶん気軽なアドバイスもしづらく、また同じ境遇でも悩む人と悩まない人がいることから、「気にならないから大丈夫だよ」「前向きに捉えよう」「それは自分で考えるべき（乗り越えるべき）問題」など、精神面でのアドバイスをされがちです。そのため、**自分がどれだけそれについて悩んでいるかをまず共有しなければならず、そこでリスクが跳ね上がります。**

明確な解決策がない悩みほど相談される側の聞く負担は大きくなり、アドバイスが曖昧になりがちなので、お互いが消化不良になりやすく情報も漏れやすくなるのです。

このように、悩みを分類すれば「相談リスク」も明確に見えてきます。そうすれば、「相談リスク」を意識的に低下させることもできます。

相談リスク中心に考えれば、相談しても良いかどうかのGOサインを上手に出せるようになります。自力で頑張ることが奨励されがちの日本で、相談して良いかどうかという本質の悩み以外で悩むのはもうやめましょう。

「相談リスク」という明確な基準を持ち、リスクを最小限に減らすことで過剰な恐怖も期待も抱くことはなくなります。相談というのは重いものではなく、日常的に行えるライトなものにしていければ、今より「失敗」は格段に減らせ、はるかに生きやすくなるのです。

すぐ相談する女性と、敏感になりすぎた女性

相談リスクへの意識が低いとどうなってしまうのか、まだイメージがわかない方もいるかもしれません。少しだけ私のクライエントの例をご紹介しておきましょう。

ある日、私のもとに四十代の女性がいらっしゃいました。

その方は、自分の悩みがどの領域に属するのか、ちゃんと理解されていました。初回からしっかりと悩みを整理されている方は珍しいので、「考えを整理できる方なんだな」という第一印象を抱きました。

ただ、その女性は早く悩みの「不快感」を取り除きたいという気持ちが強すぎて、誰彼かまわず相談しまくる人だったのです。

それが原因で、その女性から相談された人がどんどん増えていき、やがてその女性の悪い噂が飛び交うようになったようです。ついには「あの人の相談は聞かない方がいいよ」「あの人から相談されても無視した方がいい」という噂が飛び交うことになってしまったのです。

しかし、相談リスクに対する危機感が強すぎるのも考えものです。

「夫から生活費を入れてもらえない」と悩む主婦の方が相談に来られました。この方は相談リスクに対する危機意識が高く、「もし夫との関係に悩んでいるとバレたら、ご近所から何を噂されるかわからない。そうなると学校へ通う子どもも変な目で見られるかもしれないし、自分自身もどう思われるか不安だ」というのです。

不安が大きくなりすぎて誰にも相談できずにいたようです。やがて、「離婚した方が良いのではないか」「離婚するなら調停を起こして、親権を得た方が良いのではないか」「そのためにはどんな手でも使った方が良いのではないか」「それよりもお金をたくさん貰った方が良いのではないか」などと、悩みがどんどん深みにはまって迷走していったのです。

この女性の場合は、離婚がしたいのかお金がほしいのか、夫が嫌いなのかそれとも愛しているのか、子どもをいちばんに考えたいのかそれとも何を目指したいのかが、まったくわからない状態になっていました。

相談リスクに対しても敏感になりすぎて、「バレないこと」が新たな悩みになり、悩みをうまく分類するどころではなくなっていました。そうして悩むことにばかり時間を費やし、何も解決しないまま辛い時間を何年も過ごすことになったのです。

一人目の女性のように、相談リスクに対する正確な知識がないと、適切な人に相談できずに失敗に終わります。実際一人目の方は、周囲から白い目で見られるようになってしまいました。

一方で二人目の女性は、相談リスクを考えすぎて相談ができず、どんどん悩みが深くなり迷走してしまいました。相談リスクに対する危機意識は高くても、悩みの分類自体ができていなかったために、相談リスクの内容も正確に把握できていなかったのです。

いずれのケースも、周囲からの信頼を失ったり、悩みが長期化して苦しんだりと、人生において大きな影響を及ぼしていました。相談リスクという考え方を正確に把握しておくことは、幸せな人生を送ろうとする場合、その命運を大きく左右するといえるのです。

悩みの大きさと相談リスクは比例する

相談リスクには「傷つきリスク」と「社会的信用低下リスク」がありました。そして、相談リスクは悩みの種類によっても変化するのをお伝えしました。これまでの話からも想像できるように、**悩みの深さと相談リスクは比例する、という関係にあります**。最後にここを押さえておけば、相談リスクに関しては理解できたと考えて構いません。

解決の難しさや自己関連度が低い場合は、相談リスクも低くなるとお話ししましたが、今度は、なぜ悩みが深いほど相談リスクは大きくなるのか、という真逆の視点からも考えてみたいと思います。

深い悩みというのは、基本的に自己関連度が高く、解決策も難しい傾向にあります。簡単ではなく、自分自身に直結するから悩むわけです。そんな悩みを相談するには、**自分のパーソナリティや人生観、経歴などを語る必要があるため、「無防備な状態」で挑むことになるのです。**

ＲＰＧゲームでいうなら、「布の服」一枚の装備でフロアボスと闘わなければいけないようなもの。それほど自分の心の「鎧」を外していく作業が要求されます。私自身もかつて、十年近く悩みつづけたことを相談する際は、すぐに話すことができませんでした。無防備になる勇気さえ持てないことで、相談すらできなかったのです。

解決が長引けば「あの人はまだあんなことで悩んでいるのか」などと陰口を叩かれ、「無能な自分」という評価を受けることにもなりかねません。

また、失うものがたくさんある人は、悩みの「自己関連度」が高くなる傾向があるといえるでしょう。例えば、新入社員の場合は責任も重くはありませんが、重要なポストに就いている人ほど、部下やチームの結果も自分自身に関連することになります。地位や役職のある人の方が、リスクは高くなるということです。

顔が広い人や、知名度がある人もリスクは高くなります。わかりやすい例でいえば、芸能人がそれに当たるでしょう。芸能人のプライバシーが流出することで、ＳＮＳ上での誹謗中傷も多い世の中です。

芸能人でなくとも、困難度の高い問題やトラブルの場合はリスクも大きくなります。例えば、子どもが麻薬をやっているかもしれないという悩みの場合、相談をしただけで事実確認もなく警察に届けられて逮捕されてしまうかもしれません。これが芸能人ならば、引退にまで至るかもしれません。

麻薬までいかずとも、悩んでいる内容がただの恋愛相談や仕事の悩みではなく、社内不倫や上司からのパワハラまたはセクハラ、会社の不正行為をちょっとしたきっかけで知ってしまった（しかも不正に関わってしまった）など、「秘密」にしておきたい事柄の場合はどうでしょうか。

気軽に隣の席の人に相談とはいかないと思います。相当慎重に相談相手は選ぶのではないでしょうか。それもそのはずで、社会的信用低下はもちろんのこと、自分自身への批判も容易に予想されますから、極めて「相談リスク」の高いケースです。

このように悩みが深ければ深いほど、つまり悩みの領域が「解決の難しさ」と「自己関連度」の高い領域にあるほど、相談するリスクも高くなります。

そうなると、相談すべき相手も自然と変わっていくのです。

このように相談リスクについて解説していくと、悩みが深い場合はデメリットばかりで人に相談しない方が良いかのように感じられるかもしれません。しかしそんなことはまったくありません。むしろ悩みが深いほど、早く相談につなげるべきだと思っています。

なぜなら、悩みが深いほど相談リスクは確かに大きくなるものの、同時に「相談メリット」も大きくなるからです。相談リスクを事前に限りなく低下させさえすれば、大きなメリットだけが手元に残るようになります。そうやって、うまくメリットだけがたくさん得られるように「上手に相談」しながら人生を送ることができれば、悩んでいたことが嘘のように感じられるはずです。

悩みを知り、相談リスクを知ることで、準備を万全に整えていきましょう。そうすれば負担も少なく、最短で解決策を探すことができるようになるのです。

相談相手をフィーリングで決めてはいけない

これまで「悩みの正体」と「相談リスク」についてのメカニズムをお伝えしてきま

した。もしかしたら中には、こんな疑問を持った人もいるのではないでしょうか。

「こんな当たり前のような内容を長々と語って意味あるの？」

こういった声は、ときどき専門家であるカウンセラー側からも聞かれる言葉です。もちろん答えは「ＹＥＳ（意味あり）」です。かなり詳細に「悩み」や「相談」について分析し、紹介をしてきました。それこそ、日本でこの本ほど詳しく解説したものはないだろうと自負するほど、当たり前に思えることでも細かくかつ難しくならないよう必要最小限で伝えてきたつもりです。

なぜそのようなことをするかと言えば、**「うまく相談できない人」のほとんどが「フィーリング（直感）」で自分の悩みを認識し、「フィーリング」で相談相手を決めているからです**。

相談で失敗するケースの大部分が「相談相手」によるミスです。

そのくらい相談相手選びというのは難しく、悩みの解決にも直結する要素になっています。ですから、フィーリングで決めるなんてもってのほかなのです。

何も考えずに相談を行う場合、その相談はほぼ百パーセントミスをしているといっても過言ではありません。相談を「フィーリング」や「そのときの気分」「思いつき」でやってしまうことは厳禁だということを心に刻みましょう。

相談上手な人ほど悩みのタイプによって相談する相手をうまく変えているものですが、悩みに合わせて適切な人に相談するための知識をまずは身につけてほしいのです。だからこそ、適切な人に相談するチャンスが現れたら、そのチャンスは逃さないようにしてほしいと思います。

フィーリングで決める人は、「手っ取り早く問題を解決したい」という思いから、相談相手を決めてしまう傾向にあります。

あなたはどうでしょうか。

フィーリング相談の場合、相談相手にも余計な負担をかけることが多く、解決もせず、悪評も立ちやすくなります。もちろんアドバイスも思ったものではなくなります。「どう解決するか？」の相談ではなく、目的も見失いがちなので、その時点でいくら相談しても「失敗」しているのです。

深い悩みなら、迷わず専門家のところへ行きなさい

深い悩みを友人らに話すのは、相談リスクが高いといえます。よほど相談に慣れている人でなければ、解決策に導くようなアドバイスは難しいからです。

解決策に導くためには、相談者が話しやすく横道に逸れても軌道修正を自然とできる専門的な傾聴スキルが必要になります。また、どれほど難しく思える悩みに対しても解決策を提示できる知識や経験も必要ですし、悩みによって生じているメンタル面での不調をサポートするスキルも必要になります。

それができるのは、やはり熟練のカウンセラーが最適と言えるでしょう。

もし困難な課題をピンポイントで解決してくれる専門家の存在がわかっていれば、その方のところに迷わず相談に行きましょう。例えば、難病になってしまった際に、その病気に精通した医師がいるとわかればその方のところに行くべきですし、恋愛や職場の人間関係の悩みについてもカウンセラーのところへ足を運ぶ方は多いものの、「職場の恋愛」や「職場の人間関係」について専門に扱っているプロの方がいれば、そちらに通うのもいいでしょう。

以前は、仕事に対して悩みを抱えた方から、転職するかどうかという相談を受けることもありましたが、最近では「転職エージェント」の存在が普及したことによって、そのプロの方々を頼り一人で悩まないようになってきました。自分だけの力で転職活動をして悩むよりも、プロの専門家にアドバイスを受けたほうが圧倒的に悩みは解消されます。

ただし、「この悩みはどこに相談していいかわからない」というケースもよくあるもの。そんな時は守秘義務のあるカウンセラーのところへ行き、まずは悩みを客観的に聴いてもらい、整理することで次の一歩を踏み出しやすくなります。

深い悩みほど人には話しにくいものですが、ちゃんとしたカウンセラーであれば必ず傾聴スキルがあり寄り添ってくれますので、相談リスクもほとんどありません。

現状では、カウンセラーのところへ相談に行くかどうかで悩む人が多いのですが、海外ではもっと一般的にカウンセリングが行われています。日本でももっと気軽にカウンセリングを受ける文化が根づいてくれればと願うばかりです。

相談は「前準備」で9割決まる

職業柄、セミナーをする機会が多いのですが、セミナーの前にはできるだけ当日に近い状態で準備をします。場合によっては話す内容を実際に声に出して確認することもあります。プロのアーティストがライブを行う際に、わざわざ会場を一日多く押さえて「ゲネプロ」と呼ばれる通しリハーサルを行いますし、司会業の人が講演や結婚式の司会を担当する際にも、必ずリハーサルによって実際に話す言葉をチェックします。

言うまでもないことですが、「前準備」をすることで本番でのミスをするリスクを限りなく減らすために行なっているわけです。

同じように、深い悩みほど相談リスクは大きくなりますが、その相談リスクは「前準備」によって限りなく小さくすることが可能です。「悩み」と「相談」の関係を知るための本章の最後では、この相談の「前準備」について触れておきたいと思います。前準備の仕方で相談の9割は決まると言っても過言ではありません。それほど、自分が抱える悩みを「分類」し「整理」することが大事です。

相談がうまい人は結局、大切なところを外さずにしっかりと伝えられるから、人に助けてもらうことができ、外から見れば人の手を借りて簡単に問題を解決しているように見えるのです。そういう人は、話を逸らしたり誤魔化したりすることはありません。

自分自身が悩んでいることをちゃんと相手に伝えられるから、効果的に時間を活用して解決策を導くことができるのです。

カウンセラーをしているとこんな話を聞くことがあります。それは、カウンセラーとクライエントが結婚したらしい、という話です。これは、一見すると幸せそうに見えますが、相談からは「逃避」していて失敗している場合があります。

前準備をしっかりして、相談時に話すことが明確になっていれば、このようなことにはなりません。しかし、問題から逃避してしまっている場合、相談中になんでも聞いてくれるカウンセラーが救世主に見えてしまうことが多いようです。それで、「あっ、この人ともっと仲良くなれば問題解決するんじゃないかな」という意識も働いて、心理的距離が近づいてしまうのです。

仮に結婚したとしても、本当の問題はずっと抱えたままで何も解決していません。結婚まではいかずとも、カウンセラーとクライエントが共依存関係（特定の相手に過剰に依存し、互いに価値を見出して必要としてしまう関係）に陥ってしまうケースは、あくまで私の体感ですが二割ほどあるように感じます。

ちゃんとしたカウンセリングを行なっているところでは、相談者が現実逃避するのを回避するために、**カウンセリング中のボディタッチなどを禁止しているところが多い**ので、もしカウンセラーにそのような傾向が見られたら注意が必要です。

相談の一連の流れを理解する

では具体的にどんな準備をしておくことが「上手な相談」につながるのか。

ここで相談の全体像を確認しておきましょう。

基本的な考え方としては、相談するメリットがデメリットを大きく上回るほどいい相談になるわけですが、やることは悩みや相談のメカニズムを踏まえた、自分の「悩みの正体」を明らかにし、**うまく相談できるよう整理する**ということです。

具体的には、次のような一連の流れによって相談を行います。

・悩みをピックアップする
・悩みを四領域に分類する
・解決したい内容や得たい成果を定める（解決したいものを定める）
・相談リスクを書き出す
・相談相手を探し、決定する
・相談場所を決める

いかがでしょうか。

悩みの「分類」や「整理」、そして相談リスクの整理、そこで初めて「相談相手を決める」ということをしていきます。**悩みが生じた時にまず誰に相談するかを決める、という人がいますが、それは順番を間違えているのです。**

相談に行くまでに押さえておきたいポイントは、細かく見れば思った以上にあります。面倒だと思う人もいるかもしれませんが、それだけ「成功率」を上げるポイントがたくさんあるということなのです。

第3章

突然
目の前に現れた悩みに
すぐ対応する方法

悩みを抱えたときの対処法は2パターンだけである

この本を手に取ったあなたは、きっと何かの悩みを抱えていることと思います。今悩みがないとしても、これまでに少なくとも一度は何かに悩んだことがあるでしょう。日本人はとかく一人で悩みを抱えがちです。

そしてそれはかつての私自身がそうでした。悩みを一人で抱えて誰にも相談できず、自殺を選ぶ寸前までいきました。ネットカフェに逃げたりもして、この世の中で誰も助けてくれる人はいない、そんな気持ちにさえなりました。それもこれも、**悩みを抱えたときの「悩みの解消法」を知らなかったからです。**

もちろん人は、何かの壁や課題にぶつかった時、それをどう乗り越えるのかわからないこともあるでしょう。しかし、仕事にせよプライベートにせよ、必ず乗り越えるための解決方法はどこかにあるものです。

しかし、**悩み自体を対象とした「悩みの解決法」はどこにも存在しないことに気づいたのです。**悩みを「解説」した本やセミナーはたくさんありましたが、どれも「前向きになろう」といった精神論ばかりで、それを見るとむしろ気が滅入ることさえありました。

同じような思いをする人を一人でも失くすために私は、誰がやってもちゃんと成果が得られるノウハウとして、「悩みの解決法」を体系立てようと決意しました。そして十年におよぶカウンセリングおよびカウンセラーの養成という両軸の経験を通して、ついに完成したのがこれからお伝えするノウハウです。

今悩みを抱えている人、そして今後悩みに直面した際には是非このノウハウを思い出していただき、実践してほしいと思います。

悩みを抱えたときの対処法には2パターンあります。

それは**「解決の難しさ（主観的困難度）」**の程度によって**「浅い悩み（瞬間的な悩み）」**と**「深い悩み（長期的な悩み）」**に大きく分けられるからです。

「浅い悩み」は四領域でいうところの③と④になります。「瞬間的な悩み」と表現することもあるのですが、その理由は、私たちは思っている以上に日々ちょっとした悩みを抱えていて、そこに意識や心の容量を割いて判断し、解決することをくり返しているからです。

「週末の予定がなくなっちゃった！　代わりに何しようかな」

なども広い意味では悩みです。

「このアーティストのライブに行きたいけど、休み取れるかわからない……」

「この洋服がほしいけど、買ったら今月のお金がピンチ！」

なども悩みです。しかし、これらの悩みは解決策がある程度はっきりしており、長く引きずるものではありません。「期間限定」の浅い悩みとも言えるので、私はこれを「瞬間的な悩み」と表現しています。


自己関連度の高低に関わらず、自分自身での解決が難しくない悩みは、基本的に解決策がシンプルかつ明確にあるケースといえます。


一方、自分自身で解決が難しいと感じている悩みは、少なくともしばらくは悩み抜いていて、それでも解決しないからこそ「難しい」と感じている場合が多いと言えます。「なぜか何をやってもうまくいかないんです……」のように、本人自身が悩みの正体を自覚していない場合も、解決は「難しい」と感じていると言えるでしょう。

「好きな服を買いたいけど収入が少なくて、いつも我慢していて辛い……」

この悩みは先ほどの「瞬間的な悩み」と似ていますが、「収入の低さ」は簡単に変えることができず、ずっと悩んできたテーマだと考えられます。そしてその「収入の低さ」が精神的につらい状況にまで影響を及ぼしていることからも、長期的かつ深い悩みになっていることがわかります。ですから私は深い悩みを「瞬間的な悩み」に対して「長期的な悩み」と表現しています。

悩みは放置するほど深刻化する

これまで深い悩み、浅い悩みという言い方をしてきましたが、たしかに直感的にはこちらのほうが理解しやすいものの、「浅い悩み＝たいした悩みではない」という印象があり、軽視されがちになるという問題点もあります。**浅い悩みもそれが積み重なり、長期的になると深い悩みになっていくので、決して看過できません。**

例えば、男性と交際している女性が訪れたことがあり、数回にわたりカウンセリングを行って悩みを解決したのですが、それは「悩みを軽く見て放置しなければトラブルは避けられたのに……」と感じずにはいられないケースでした。

それは、ある時彼氏がちょっとつれない態度を取り、その瞬間に「あれっ」と不安な気持ちになったそうです。つまり、「どうしてそんな態度取ったの？」という瞬間的な悩みが生じたわけです。

彼氏はたまたま声が聞こえなかっただけかもしれないですし、別の考え事をしていて気づかなかったのかもしれません。もしくは体調が悪かった可能性もあります。それは本来、気にしなくてもいいことなのですが、「あの態度って私のこと嫌いなんじゃないかな？」と悩みはじめてしまったのです。

仮に瞬間的な悩みが生じたとしても、その場で本人に聞いてしまえば原因はわかりますから、すぐに解決して悩む時間は少なくて済みました。しかし、自分自身の勘違いかもしれないという可能性を認めることができず、確認に至りませんでした。問題を放置してしまったことで、ある日また同じことが生じたことをきっかけに、その思い込みが「強化」されていったのです。

そうなると、彼氏がつれない態度をとるたびに自分の不快感が募り、彼女のなかの思い込みは「確信」に近づいてしまいます。そして「私はいつか振られるんだ！」などと少し偏った固定観念になってしまい、私のもとへ相談をされたのです。

その女性は彼氏に突然、「私はもう知ってるんだからね！」と詰め寄ってしまいました。男性は何が起きたのか分からない状態だったようです。そこで彼女は初めて、男性が別れるつもりなどまったく無かったことに気づいたのです。

しかし、ずっと疑いをかけられていた彼氏からすれば寝耳に水の話で、彼女に対する不信感も生まれてしまいました。そして本当に別れるかどうかという話にまで発展してしまったのです。

お互いにまったく問題のない順調な二人だったはずなのに、ほんの「違和感」程度の瞬間的に生じた悩みを放置してしまったせいで、大きなトラブルにまで発展し、悩みも巨大化してしまったのです。

ここで考えてほしいのは、なぜこの女性はうまく相談できなかったのか、ということです。これは誰にでも起こりうることで他人事ではありません。同じような相談は今も後を絶たないのが証拠です。

この女性が相談に至らなかったのは、「もし彼氏に訊いてこの疑念が違ったら、嫌われちゃうんじゃないか」「彼に嫌われたくない」という不安からでした。嫌われたくないからこそ本音も言えなくなっていた状態です。相談リスクを過大に意識して、見誤ってしまった例ともいえます。

浅い悩みという認識だと、この女性のように放置して重大なトラブルに発展しかねません。ちょっとした悩みでも放置せず、それも立派な悩みの一つとして、相談のノウハウを活用して解決に結びつけましょう。
その女性はその後、ちょっとした悩みでも「瞬間的な悩み」と捉え、軽視しないことで向き合い方が変わりました。

呼び方が変わっただけと思うかもしれませんが、悩みに優劣があるわけではなく、悩みの性質が違うだけだと認識することで、悩みの種類ごとに相談へのアプローチを柔軟に変えることができるようになります。

両者を比較すると、「瞬間的な悩み」の方が相談リスクは少なく、前準備も比較的シンプルで済む一方、「長期的な悩み」の場合は相談リスクがより大きくなるため、前準備に必要なノウハウもひと工夫が必要だ、と理解しやすくなるのです。

「瞬間的な悩み」も放置すれば「長期的な悩み」になってしまいます。目の前の仕事を放置して、後から大きなトラブルに発展するケースは枚挙にいとまがありませんが、それと同様に悩みは「発展」していくものです。それは、賞味期限が切れて腐った食物を口にすると身体を壊して害になる、という現象に似ているかもしれません。

「瞬間的な悩み」は、「解決すべき期間」を逃さず解決しておくのが肝心です。その意味で、決して軽視して良いものではありません。しっかりと悩みを解消していくように習慣づけてほしいと思います。

では実際に、それぞれどのようなノウハウに沿って悩みを解決していけばいいのか。本章ではまず「瞬間的な悩み」に絞って、そのやり方をお伝えしていきます。

瞬間的な悩みを即解決するには「相談者を選定」しなさい

私たちは日々さまざまな問題や課題に直面します。やらなければいけない「仕事」や「タスク」もたくさん抱えています。その中で、未解決の課題が全くないという人は存在しません。

しかし、そんな膨大な未解決課題をいちいち全部覚えている人もまた、存在しません。脳の記憶容量には限界がありますから、ある程度の悩みの質に差はあっても、やはりどんどん忘れていってしまいます。

それが日々生じる「瞬間的な悩み」の特徴ともいえるでしょう。そんな悩みに対する効果的な相談の仕方は、はっきりしています。

瞬間的な悩みを相談する際に最も大事なことは「相談者の選定」です。

ここが長期的な悩みとは異なるところです。もちろん長期的な悩みも相談相手は大事ですが、**それとは全く比較にならないほど瞬間的な悩みにとって、「相談者の選定」が重要な位置を占めます。**それがすべてと言っても過言ではありません。とにかくこれだけを覚えてもらえれば、それだけでも相談の五割は成功すると言ってもいいほど重要なポイントです。

相談内容に関する準備をある程度しっかり出来ていたとしても、その話をする「相談者」の選定を間違えてしまっては、悩みを上手に相談することはできません。「うまく相談できない」と悩んでいる人のほとんどは、相談相手を意識して選ぶことをしておらず、相談すべき相手が決まらないから未解決のまま放置しがちになります。「えいやっ！」と突発的に相談するのは論外です。

「うまく相談できる人」の場合は、この件に関してはこの人、この内容ならこの人、というように自然と「相談相手」の選別がうまく出来ていることが共通点として挙げられます。相談内容はまとまっていなくても、相談相手を間違えていないことで解決に至っているので、周囲からはトラブルとは無縁に見え、場合によっては職場などの環境において「贔屓」されているように見えることさえあるほど、人生がスムーズに動いているのです。

承認欲求を満たす相談で、大切な友人と絶縁に⁉

ネットで展開されたトラブル事例をひとつ挙げてみたいと思います。

ある男性の方は、とある行政手続きの違いについて話題になったとき、その違いがわからずにＳＮＳで「教えて！」と投稿したようです。すると「自分で調べろ！」と言われ、ついつい「それぐらい教えてくれよ」と言い返して喧嘩になってしまったと言うのです。瞬間的に生まれた悩みを考えもなく相談したことで、険悪になってしまいました。

確かに検索した方が、はるかに早くその問題（手続きの違いについての知識を得ること）を解決しそうだし、メリットは大きかっただろうと言えます。

このケースではＳＮＳ上の他人が相手でしたが、もし知り合いで同じことが起こった場合、なぜか「縁を切る」という話にまで発展することもあり、あまりに相談のメリットとデメリットが釣り合っておらず「なんで⁉」と思うことがあります。

しかし、このようなケースも日常では本当によく見られます。

なぜ自分で調べた方が早いことも相談して失敗してしまうのか。**その理由を心理学的に分析すると、「甘え」を受け入れてもらうことで「承認欲求」が満たされるからだと思われます。**

瞬間的な悩みに起こりがちですが、どうしても悩みを軽視して捉えることで、悩み自体の解決よりも承認欲求が勝ってしまうことがあります。そうなると、目的と相談内容がズレてしまうため、相談そのものが成立しなくなります。当然、相談された相手は不快感を募らせることも。

やはりどんな悩みであれ、ひと呼吸おいて悩みを分類して、瞬間的な悩みの場合については「相談相手」をしっかりと選定するようにしてほしいと思います。

5つのステップで、最適な相談相手を見つけ出す!

瞬間的な悩みには、とにかく「相談相手の選定」をするべき!

これを意識するだけでも、これまでとはまったく違った相談が可能となりますが、より確実に相談相手を選定できるように、具体的に何をすればいいのかを紹介しましょう。

そもそも相談へ至るまでに必要な「前準備」には、どのようなステップがあるでしょうか。ここからは、これまで明確にされなかった相談のプロセスを、五つのステップに分けてお話ししたいと思います。**次々に生じる可能性のある「瞬間的な悩み」は、「早く相談して!」が原則です。**最初はゆっくりでも構いませんが、慣れて「自分のモノ」にしたらできるだけ時間をかけずに実践しましょう。そのためにできるだけ簡略化した手順を紹介するので、今日からでもぜひ気軽に挑戦してみてください。

［ステップ1］悩みが発生したら、すぐに相談せずに立ち止まる

瞬間的な悩みを相談する際に失敗しがちなのが、悩みの内容をちゃんと整理することなくいきなり人に投げかけるケースです。これは相談がうまくいかないばかりか、**いちばん人に嫌われる相談の仕方です。**相談を受ける立場の人は、それなりに心の準備をして相談に乗るため、負担をかけがちです。比較的浅い悩みであれば、受ける側もその前提で受け取ることができるため、心理的なストレスを感じずに相談に乗ってくれます。

しかしこの「共通認識」が得られない場合、せっかく気合を入れて心の準備をしたのに「なんだ、そんなことで相談したのか」と落胆させる結果になります。

失敗することで恐怖心が生じ、気づけば「相談恐怖症」になって相談しなくなった人が多いのも、この最初のステップです。

「**立ち止まる**」というのは簡単なようですが、アンガーマネジメントでも最初のステップとして採用している非常に効果的な手法です。

「ステップ2」いま何を悩んでいるのかを文字にして確認する

いったん立ち止まって呼吸を整えたら、いま抱いている不快感も含めて何に悩んでいるのかを一度確認してみましょう。ポイントは、頭で確認しようとはせず文字にして書き出すことです。頭で考えようと思っても客観的には見えづらく、また考えながらどんどん忘れてしまうこともあるので、頭の中だけでは正確に把握ができません。

書き出すものはノートやメモ帳、付箋でもコピー用紙でもなんでも構いません。使用するペンも自由なので、まずは思うままに書き殴るつもりで書き出してみてください。

この「ステップ1」と「ステップ2」をやるだけでも、悩みの「外在化（見える化）」ができます。

［ステップ3］外在化した悩みを「分類」する

次に紙に書いて客観視した悩みが、どの領域に属する悩みなのかを分類しましょう。解決が難しい悩みなのか、比較的難しくない悩みなのか。自分に強く関連するか、それほどでもないのか。四つのうちのどれかに分類してメモに書き入れましょう。

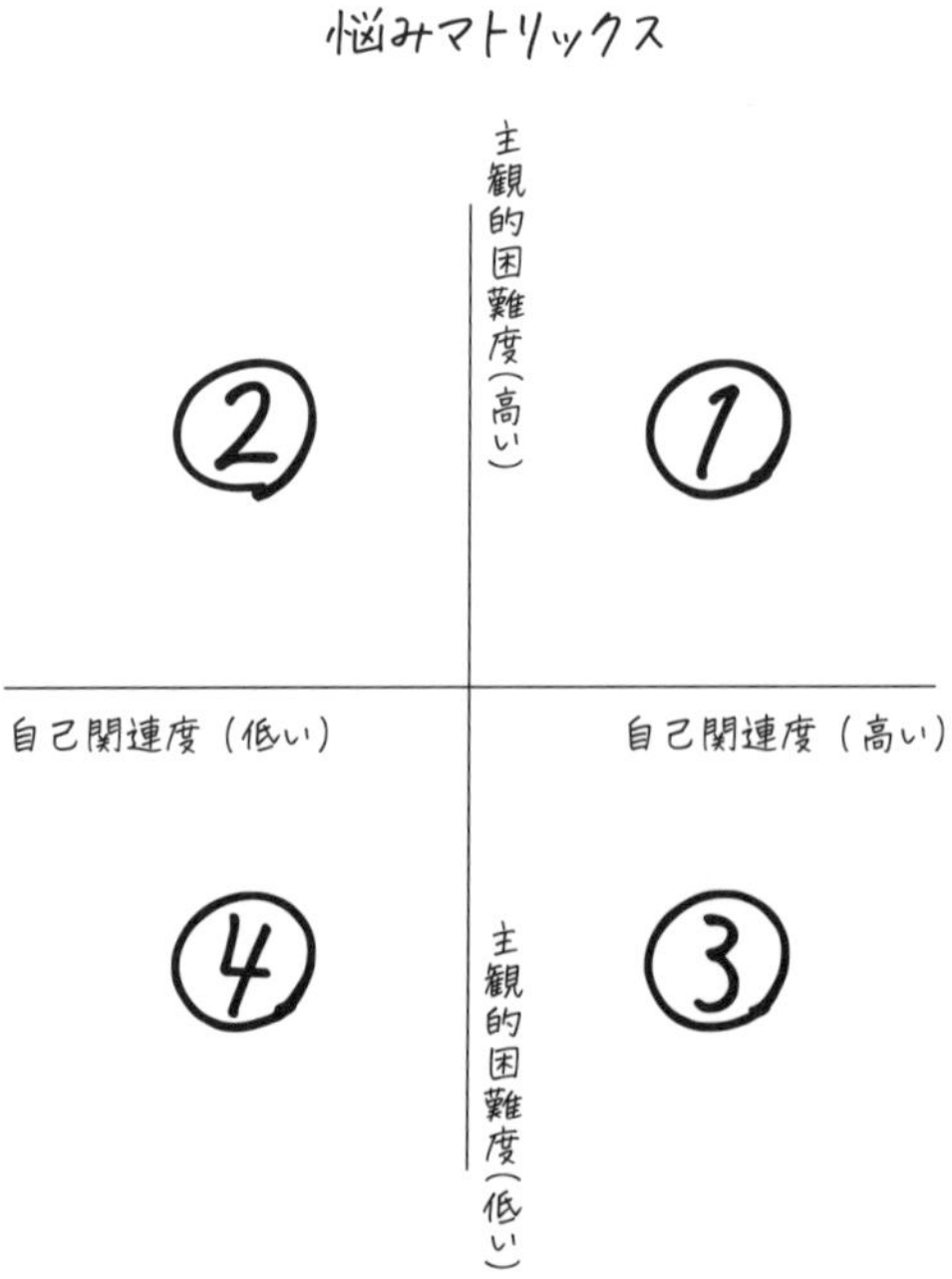

悩みマトリックス

主観的困難度（高い）
②　①
自己関連度（低い）　自己関連度（高い）
④　③
主観的困難度（低い）

①の領域：主観的困難度（高い）×自己関連度（高い）
②の領域：主観的困難度（高い）×自己関連度（低い）
③の領域：主観的困難度（低い）×自己関連度（高い）
④の領域：主観的困難度（低い）×自己関連度（低い）

瞬間的な悩みは文字通り、日常のなかで「ハッ」とした瞬間に沸き起こります。そんな時はすぐに手持ちの手帳やノート、または付箋などに書き出すことで、悩みの正体を外在化できますので、その悩みの横に分類も添えればＯＫです。

ノートに悩みを整理したい場合は、見開きの真ん中に横線を引いて四つの領域を作り、該当する領域に悩みをメモした付箋を貼るなどしても構いません。時間があれば書き写してもいいでしょうが、手間をかけずにやるなら、「ここに当てはまるな！」と思うところにペタッと貼り付けるだけで構いません。見開きでは大きいと感じるかもしれませんが、少し大きめにスペースを取った方が見やすくなるのでおすすめです。

ただ、大事なことが一点だけあります。

それは、**生じた悩みが瞬間的な悩み（浅い悩み）ではなく、長期的な悩み（深い悩み）に分類されるものだと気づいた場合は、第４章の［ステップ４］へ移行するということです。**

ふと生じた悩みが、実は過去から悩んでいたことにつながっていたり、別の問題と関連し合っていたと気づくことが時々あります。そういった場合には、迷わず臨機応変に対応していきましょう。

［ステップ4］分類した領域に適した人をイメージする

四つの領域のうち②〜④に悩みを分類した場合、それぞれの領域の相談に適した人材は異なります。①については、浅い悩みではなく深い悩みに分類されるのが大半なので、本来は除外してもいいのですが、参考までにそれも含めて示していきます。

②の領域（主観的困難度「高」×自己関連度「低」）の場合

これは、自分で解決するのに難しい課題ではあるものの、自分のプライベートや評価に直接関連しにくい悩みの場合です。この場合は、**その課題に詳しい「専門家」を相談相手として選ぶと良いでしょう。**

たとえば、隣近所に住む子どもが虐待を受けているようだと知ったとき、どうすればいいか悩むことがあるでしょう。この問題自体は非常にセンシティブなため、自身で解決するには荷が重い課題と言えます。しかし自分自身に直結する問題ではないため、専門家などのまったく面識のない人に相談する心理的ハードルは少なく、冷静に話しやすいので、専門家からの適切なアドバイスをもらいやすくなります。

ちなみに、自己関連度が低い分、友人などに相談する悩みではありません。解決策の難しい問題ですから、ただでさえアドバイスしづらいのにあなた自身の相談でもないので、その友人にとっては「厄介」な案件です。ですから、早々に専門家へ相談しましょう。

③の領域（主観的困難度「低」×自己関連度「高」）の場合

解決策がはっきり存在しているため、主観的にも解決が難しいとは言えず、自分に直結する悩みである場合です。この場合は、第三者にとってもアドバイスをする心理的ハードルは決して高くないので、具体的な解決策に結びつきやすい人を相談相手としてイメージしましょう。

代表的な存在としては、「職場の上司」など、ある程度の権限や裁量を持っている人です。もしかしたら、厳しい意見などを言われるかもしれませんが、この領域の悩みであれば、しっかりアドバイスしてくれる人の方が解決に結びつきやすく、メリットが大きいといえます。

④の領域（主観的困難度「低」×自己関連度「低」）の場合

どちらも低く、まさに瞬間的に生じて解決してもしなくても時間がたてば忘れがちになるタイプの悩みです。この場合は、悩みの解決が難しいわけでもなく、かつ自分自身のプライバシーや精神面への影響、周囲の評価などの影響を受けにくいため、「他者に否定されても傷つかない」ことが上手な相談の第一条件になります。

つまり、相談メリットに対して相談リスクが相対的にもっとも高くなるため、「傷つかないこと優先」で考えればいいということです。結果として相談相手には、共感して話を聞いてくれやすい「友人」から選ぶのがいいでしょう。

①の領域（主観的困難度「高」×自己関連度「高」）の場合

難しい課題かつ自身に関連した悩みの場合です。②では、課題が困難なことから特定の分野の解決策に詳しい専門家に相談するのが良いとお伝えしました。①についても、やはり課題が困難であれば、専門家に相談すべきと思うかもしれません。

しかし、**そこがよく間違える「落とし穴」です**。

自己関連度が高い場合、専門家へ相談に行くのは②に比べて相談リスクが高くなるため、必ずしも最適解ではないのです。

例えば、「借金を抱えていて返すあてもないし、将来の見通しが立たない。それで自暴自棄になってお店から物を盗んでしまい、警察の厄介になってしまった。もう生きていても楽しくない」などという悩みを抱えていたとします。そんな時に弁護士や税理士といった専門家へ相談に行くと、想像以上に辛辣な言葉をかけられてショックを受けることがあります。

「今さら来ても遅いよ」

「もう無理だと思うから、私ができることはない」

「それは自分の責任だから、どう責任を果たしていくかを考えた方がいいと思うよ」

専門家と言っても人の心がわかるとは限りませんし、彼らはビジネスで対応しているわけですから、「お金」にならないと判断したら急に態度が冷たくなることもしばしばです。藁にもすがる思いで専門家のところへ行ったのに、心の傷を抉られて立ち直れなくなった人を何人も見てきました。

では、どこへ相談に行けばいいのかというと、「カウンセラー」なのです。

①の領域の悩みは、基本的に長期化する悩みです。精神的にも長く苦しめられてきたことでしょう。そんな心の大変さをまず理解し話を聞いてくれる人でなければ、根本にある問題を見出してひとつずつ丁寧に問題を整理することはできません。

専門家は話を聞くプロではないので、ゆっくり話を聞いて複雑化した問題を整理してくれるとは限りません。①の領域の悩みには、まず「確実に味方になる」存在が必要で、味方を得ることによって前向きに一歩を踏み出せるようになります。

だから、カウンセラーに相談するのが最適と言えるのです。

経験あるカウンセラーであれば、さまざまな人脈を持っているので、話を聞いて問題を整理した上でちゃんと専門家にもつなげてくれます。すると、自分で専門家を探して何の紹介もなく行くより、はるかに対応も良く相談に乗ってくれやすくなるので、そういう意味でもカウンセラーを最初に経由するのは意味があるのです。

［ステップ5］悩みを最初に伝え、「負の感情」の共有を優先しない

相談相手がイメージできたら、あとは実際に相談するのみです。

その際に意識するのは、たったひとつしかありません。それは、**悩んでいる事柄を先に伝えて、「負の感情」の共有を決して優先してはいけない**、ということです。

適切な相手に相談ができれば、相談リスクは大幅に低下した状態で相談ができるので、それだけでも「瞬間的な悩み」についてはかなり成功率が高いといえます。しかし、感情をただ伝えて終わってしまうと「解決」はしませんから、場合によっては悩みが複雑化して「長期的な悩み」へ発展する可能性があります。

上司や専門家にしても、「解決策」を持っている相手として適切なわけであって、感情を受け止めることに最適な相手とは言えません。まずは解決を図ってから、その後で感情を聞いてもらったり、もしくは感情的な部分だけは家族や恋人、友人などと共有するのが良いと思います。

ごく稀に「私はまず感情を聞いてくれないとダメなんです！　その方がうまくいくんです」と言う人もいますが、はっきり申し上げてそれではダメです。女性が男性に相談するケースなどで時々生じますが、感情によって相手をコントロールしようとする要素が混ざっており、私から見ればそれは「ズルい相談」をしているだけ。**決して「うまく相談できる自分」にはなっていないのです。つまり「相談下手」だから、そのような方法を採らざるを得なくなっているということ。**

ちゃんと相談のプロセスを習慣化していけば、そのようなことをしなくてもちゃんと悩みは解決するし、周りの人もあなたを自然とサポートしてくれるようになるのです。

第4章

ずっと悩んでいる問題を解決する方法

悩みの数は無数に存在している

国民栄誉賞を取るほど活躍した人でも、自著がミリオンセラーになって大ヒットした作家でも、オリンピックで金メダルを取った人でも、心理学において歴史に残るような心のメカニズムを提唱した大家でも、その分野には秀でていても「解決できないこと」は無数にあるものです。

それだけ悩みの数も無数に存在するということです。

どんなに完璧に見える人でも、長く悩んでいることのひとつやふたつは存在しています。**特に理想が高い人は常に現実とのギャップに悩みがちですし、一方で自信がない人も長期間にわたってうまくいかない原因を「自分」に置きながら生きているため、深い悩みを抱えがちです。**結局、どのような人にもそれぞれ特有の悩みは生じるということです。

なかでも瞬間的な悩みに比べて長期的な悩みは、個人に対する影響力も強く、さまざまなトラブルも誘発します。それは社会的評価が低下したり、身体的・精神的な不調として現れる場合もあります。いずれにせよ楽しく幸せな人生を送る上で、大きな障壁となるのは間違いありません。

そんな人生の最大の敵でもある「長期的な悩み」には、どのようにアプローチをしていけばいいのか。本章ではその方法を具体的にお伝えしていきます。

深刻な悩みほど「事前の準備」で失敗を防ぎなさい

瞬間的な悩みにおいて、事前準備で最も重要なポイントを一つ挙げるとしたら何だったのか、覚えていますでしょうか。それは「相談相手を選定する」です。

しかし、長期的な悩みの場合は違います。

第3章でも「四つの領域」の①について解説した際に少し触れましたが、思い立ってすぐに相談に行っても、専門家から否定的な言葉をかけられることがあります。そもそも、長期化して複雑化した悩みというのは、自分自身でも問題の本質や経緯を正確に把握していないことがほとんどです。

私のもとにやってくる相談者も、百パーセント言葉足らずだと言えるのは、すでに触れたとおりです。それくらい自分の悩みを客観的に把握するのは難しいのですが、それを正確に把握して人に伝えなければ、解決して前に進めないのもまた事実です。

悩みの根本にある問題を正確に伝えられなければ、どんなに優秀な人に相談したところで、適切な解決策をアドバイスされることはありません。提供される情報がズレているわけですから当然です。深い悩みをいい加減に相談してしまうと、浅い悩みと勘違いされて対応されることもあります。

つまり、**長期化し複雑化した悩みに関しては、誰に相談するかよりも「準備の精度」が最も大事**なのです。

多少相談すべき人選を間違えたとしても、ちゃんと準備して相談内容をしっかり話すことができれば、相手も「深い悩みを聞こう」という心の準備ができますから、親身になってくれます。そして「協力者」になってくれることで、仮にその人がまったく「解決策」を持っていなくても、別の誰かにつなげてくれることもあります。

だから、**深い悩みほど「準備の精度」さえ高ければ、失敗しなくなり次につなげることが可能**なのです。

相談メリットは大きくなり、相談リスクは低下するのが準備の精度ともいえます。

そもそも、明確な解決策が存在しない難しい悩みほど、専門家ですら有効なアドバイスができるとは限りません。ですから一人だけで解決できると思い込まず、焦らずに少しずつ適切な相談相手にアドバイスを求めることが必要になります。

だから一度や二度、解決策を得られなかったとしても、ちゃんと事前準備をすることで相談リスクを低下させているので、相談相手を間違えるくらいは大丈夫なのです。

そもそも、深い悩みにはどんなものがあるのか？

あなたにとっての深い悩み、ずっと頭を悩ませているような悩みとは一体何でしょうか。いったん原点に振り返ってみましょう。

四つの領域でいえば①のタイプが多いのですが、それだけとは限りません。**深い悩みの特徴としては、身体的・精神的健康、金銭面や物質面、時間、地位や名誉といった社会的評価などを失う危険性があることが挙げられます。**

例えば、このような方がいらっしゃいました。

ある日突然、その方の配偶者の親族が自宅の一室で孤独死していることがわかりました。その方には声がかからなかったのですが、親戚の人には声がかかり、見に行ってくれたことで亡くなっているのを発見したという経緯です。

もちろんショックなことですが、関係性としてはその方の立場は遠いので、何かできることがあったわけでもなく、思い悩むことはありませんでした。つまり、悲しみはあったけれど、それによって解決しがたい問題が発生したわけではなく、大きく失ったものがあるわけでもありません。自己関連度としては高いとまでは言えません。

ただし、もっと近い関係性だった場合は話が変わってきます。

そのご遺体を誰が発見するのか、借りていた部屋は誰が処分するのか、お葬式はどうするのか、誰を呼ぶのか、どこでやるのか、財産管理はどうするのか、といった問題に悩まされたと思います。

そうなると、どのくらいの規模で葬式を行うか、費用は誰が負担するのかを話し合うだけでも多くの時間と労力を費しますし、葬式に関連した費用まで負担することになるかもしれません。自分の「時間・健康・お金」を失うわけですから、自己関連度は高くなるわけです。

関わる人が増えれば、全員が思い通りに納得する解決策を探るのも難しくなるので、困難度も上がるでしょう。ただし、解決策としては限られてくるので、必ずどこかには落ち着くことを考えると長期化する悩みではありません。

これが遺産相続で揉めたりすると、さらに「時間・健康・お金」を失うトラブルに発展するので、より深く長期的な悩みになるわけです。

そう考えると、「親戚付き合い」をしたくないという悩みをよく聞くのは、相続争いなども含めていつか大きなトラブルが発生し、「時間・健康・お金」を脅かされる長期的な悩みに発展するかもしれないという予測が働くからかもしれません。

また別の例になりますが、私はセミナー事業にも携わっています。セミナーでは外部講師をお招きすることもあれば、内部の「お抱え講師」もいます。そのお抱え講師の講演を見ていて、ごく稀に「これはまだセミナーをする基準に達していないな」と感じてしまうことがあります。

その瞬間は、私自身の問題ではないので自己関連度は高くなく、セミナー事業の代表者でもない私は何かを失うこともありません。しかしこれを放置してしまうと、やがてセミナー全体の評判は低下し、セミナーブランドの信頼性や価値を失うため、そこに携わる私自身の損失にもつながります。セミナー全体の売上が下がれば、私への報酬も下がるわけです。

ですから、後々の損失につながることを考えれば、自己関連度が決して低いわけではなく、問題を放置するほど少しずつ深い悩みになります。

実際当時の私は、「自分が出しゃばるわけにはいかないけれど、その講師の方をどうさりげなくフォローして研修を行えばいいのだろうか」と悩んでいました。後になって参加者からクレームが来たりトラブルが生じれば、時間や労力も浪費します。

この場合、「お金・時間・社会的評価」を失う問題として考えられたので、悩むことになったのです。

これらの事例はいずれも入口は自分に直結しないのですが、自分の大事なものを失う可能性がある（もしくはすでに失っている）問題に発展すると認識すると、自己関連度が高くなり、長期的な深い悩みになる可能性を秘めています。

6つのステップで、深い悩みもみるみる解決する！

長期的な悩みの場合、問題をいかに正確に把握するかという「事前準備」が最も重要なので、第3章で紹介したものと比べると、より丁寧で「ワーク」という取り組みが必要です。長期的な悩みは、瞬間的な悩みのように一日も早く相談する悩みではないことが多いので、まずは気持ちを落ち着けて、じっくり悩みに向き合うことが結果的に相談を成功させる近道になります。

まずは一度、最後のステップまで通してやることを目標にしてほしいと思います。

［ステップ1］付箋に悩みを三つ書く

長期化および複雑化した悩みを百パーセントうまく説明できる人は、ほとんどいません。まずは、自分自身で悩んでいる内容を明確化する作業が必要です。そのための**最初のステップとして、「悩みを付箋に三つ書く」ことから始めましょう**。何に悩んでいるのかを自分自身に問いかけて、必ず三つ書くようにしてください。

カウンセリングだと、悩みを一つに絞ろうとする人がすごく多いのですが、それは厳禁です。なぜならそれが「相談下手」の人の特徴でもあるのですが、「こういうことを相談したい」と言いながら話を聞いていくと、最後に「実はこういうことも聞きたいんです」と言い始め、よく聞くとそれが本当の「悩みのボスキャラ」だったことがよくあります。

悩みは、最初に浮かんだものが一番とは限りません。三つ書くことで、自分の抱えている悩みの深いところまで意識が降りていくので、見つけやすい、かつ「見える化」しやすくなります。

書き方としては、**付箋一枚につき悩みを一つずつ書いてください**。悩みの詳細を書く必要はありません。それを書き始めると収拾がつかなくなり、疲れてしまう人もいます。悩みのおおまかな内容や「テーマ」を書くだけで十分です。例えば、「上司から毎日パワハラを受けている」などとひと言で記載しましょう。

ただし、「人間関係」「不登校」などは抽象度が高く、具体性がありません。ポイントとしては「上司との人間関係」「息子の不登校について」など、**誰との関係における悩みなのかを書くこと**です。それがわかれば問題ありません。

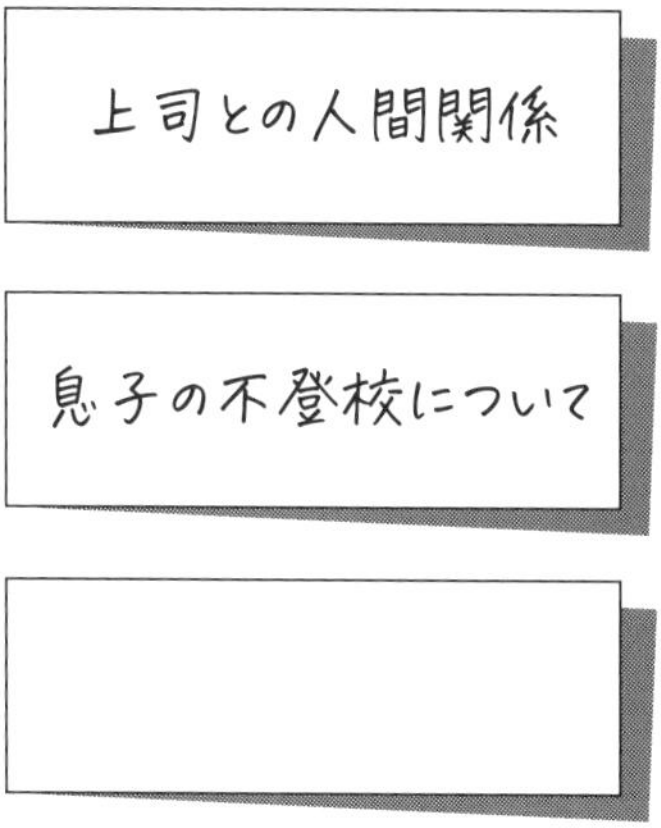

上司との人間関係

息子の不登校について

誰との関係における悩みかわかるように付箋にひと言で悩みを書き込む

使用する付箋のサイズは**「25ミリ×75ミリ」**がおすすめです。色も多様なものが販売されていますが、**ピンクなどの明るい色**を使うといいでしょう。青などの寒色系にはしないようにしています。

あとはできるだけ丁寧に書くことを心がけましょう。悩みながら書いていると乱雑になりがちです。乱雑に書くと、後で見返した時に気になって集中できないことがあるので、丁寧に書くとより効果的です。

悩みの内容が長くなっても構いませんが、長くても**三十文字以内**に収めましょう。

付箋の色や大きさを決めたら、三枚はすべて同じものを使ってください。

ノートの見開きに悩みの４領域を示すマップを描く

［ステップ２］マップを書く

三枚の付箋にそれぞれ悩みを書いたら、次はノートに「四つの領域」マップを描きます。**ノートはＡ４サイズ**が使いやすいでしょう。

第３章の［ステップ３］でも触れましたが、ノートを見開きにして上下の中心に横線を一本引きます。すると、折り目の中央線と合わせて、四つの領域に区切れます。

横軸は「自己関連度」で、右にあるほど自己関連度が「高い」とし、**中央の縦軸が「課題の困難度」**で、上にあるほど課題の困難度が「高い」とします。

真ん中の線は太い方が見やすくなるので、**できる限り太く濃いペン**で書くのがいいでしょう。縦軸になる折り目にも、上からペンでなぞるとよりマップとして見やすくなります。

線の色は黒にしてください。蛍光ペンなどカラフルにしてはいけません。

ノートは基本的にはどんなものでも大丈夫ですが、**無地のノート**の方が良いでしょう。罫線が入っているタイプを使われる方もいますが、深い悩みに向き合って書き出していく場合、その罫線に縛られたりすることもあります。

家にノートが余っていれば、それを使う形でもＯＫです。わざわざ買いに行く手間をかけるより、家にあるノートでまずはトライしてみましょう。

［ステップ3］悩みの付箋を解決困難度と自己関連度のどの位置なのか貼る

マップを描いたら、次は付箋をそこに貼り付けていきます。

それぞれの悩みがどの領域に属するのかを考えて、ここだと思うところに付箋を貼りましょう。

コツとしては、一気に三枚貼るのではなく、一枚ずつ貼ることです。一枚ずつ付箋を持ってちょっと離れて俯瞰しながら、「これはどこかな〜?」と考えて貼るのを三回くり返します。

まず悩みを大枠で捉えて分類する作業ですから、「焦らない」「いい加減にしない」が肝心です。

なかなかうまくいかない方は、付箋を手に持って声に出して読んでみてください。その後付箋を胸に当てながら、どこに当てはまるのかマップを見てみると、少しずつ「ここかな」と思う領域が見えてきます。

まずは四つの領域のなかの一つを決めましょう。基本的には自分にとって深刻な悩みほど右上の①の領域に集まる傾向にあります。領域を定めたあとで、**その領域の中**

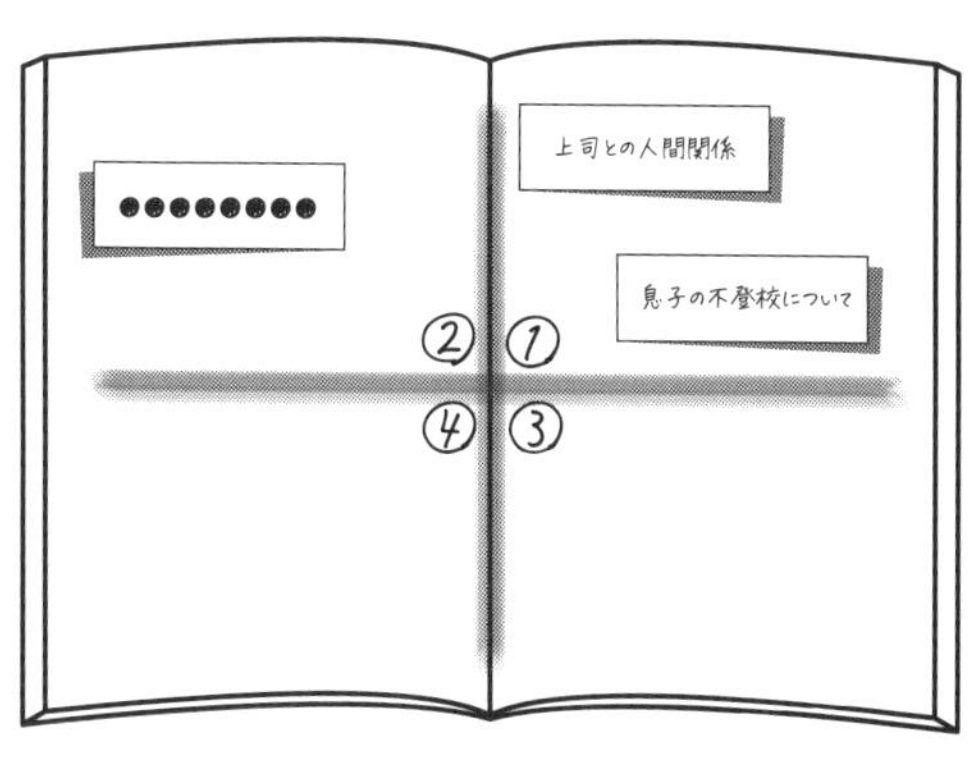

［ステップ1］の付箋を該当する「悩みの領域」に貼る

でも縦軸と横軸のどの位置なのかを考えて「ここだ！」と思う「一点」を探ります。

ピンポイントで一点を決めるわけではなく、まずは「ここかな」と貼り付けてください。**貼り付けた後でまた俯瞰してみて、「ちょっと違うかな」と思っても良いのです。**違うと思えば微調整をし、しっくりくる位置になるまでくり返しましょう。

大事なのは適当に「このあたり」とするのではなく、必ず「一点」に定めること。

そうすることで、より悩みを客観的に捉えることができるようになります。

［ステップ４］悩みの外在化（見える化）

悩みのマッピングを終えたら、次は悩んでいる内容の全体像から詳細まで、できるだけ客観視して把握する段階に入ります。深い悩みの場合、「準備の精度」がそのまま相談の成否につながりますが、その精度を決定づけるのがこのステップ４の「悩みの外在化（見える化）」です。

主観で曖昧に捉えがちな悩みに根本から向き合い、誰が見ても同じように理解できるよう「見える化」をしていくのです。

どうやって書くのかというと、**「３つのＥ（３Ｅ）」に従って書いていきます。**

３Ｅとは、「体験（Experience）」「環境（Environment）」「感情（Emotion）」のそれぞれ頭文字をとったもので、この３Ｅの順番に書いていくことで、自身の悩みが改めて理解できるようになります。

書く場所は先ほどのマップでもいいですし、書くスペースが足りないようなら次のページでも良いです。

「体験（Experience）」の書き方について

まずはどんな体験によって悩みが生じたのか、その全体図をおおまかに書いていきます。例えば、いじめやパワハラに遭っている方なら、「○年前からいじめ（パワハラ）に遭っている」「ひどいときにはこんなことまでされた」「今は月に×回くらいの頻度で起こっている」「そのせいでこんな作業が妨げられ、自由な時間もなくなってしまった」「お金を要求されて生活が苦しい」「他の人から馬鹿にされるようになった」など、自分に生じたことを書いていきましょう。

ポイントは、「時系列」を意識することです。まずは問題が生じたと思われる「出発点」を書くことから始めると、整理しやすくなるのでおすすめです。

思い出せない人、思い出すのがつらい人もいるかと思います。その場合は無理せず飛ばして構いませんので、だいたいの範囲でどのくらい前からその悩みが発生したかを書いていきます。

そしてそれがずっと続いているのか、いったん問題が解消された後でまた発生したのかなど、時系列に沿った変化も重要なポイントなので書きましょう。

パワハラに遭っている悩みや、「発熱が続いている息子の健康が心配」という悩みの場合は、次のようになります。

✶パワハラに遭っている場合

二年前から上司の××さんにパワハラを受けている。きっかけは新規事業のチームに異動した際、その責任者が上司の××さんだったこと。他のメンバーに比べて明らかに作業量が多く、メンバーの前で私だけ叱られたことも幾度となくあった。そこから一～二か月に一回は無茶な仕事を振られるようになり、終電で帰宅できない日もある。なんとかタクシーで帰るものの、そのお金は自腹で生活は苦しく休む時間もない。また、社内での評価が一向に上がらないなか同期はどんどん出世し、ついには後輩にまで追い抜かれてしまった。周りの目がいっそう気になるようになり、このままの状態が続けば仕事にも集中できないし、充実した人生を送れるイメージができない。

✶息子の健康が心配という悩み

一か月前の○月×日に、二歳半になる子どもが発熱。その時はよくある風邪症状だと思ったけれど、長引いておかしいなと思い悩むように。二週間後にいったん熱が下がりはじめたので安心したものの、熱は下がり切らず今また高熱が出るようになってきた。医者は「様子を見ましょう」と言うばかりで具体的な病名もわからず、対策も対症療法でしかない様子。夫に相談しても忙しいからと十分には取り合ってはもらえず、「お医者さんに従うしかないのでは」と頼りない。一週間前には口論になってしまった。このまま発熱が続くと障害が残ったり、命に関わる状態に陥るかもしれないし、不安でまた夫と喧嘩するかもしれない。子どものことを考えると外に出かけるのも怖くて、家での作業にも手がつかなくなった。

このように悩みが生じた「出発点」を押さえながら体験を書いていきます。なるべく時系列順に書くといいでしょう。どのくらい悩んでいるのか「期間」を書くと、さらにわかりやすくなります。

相談者で多いのは、時系列があっちこっちに飛んでしまうケースです。気づけばどの時の話なのかわからず、時系列を整理してもらうよう促すと、実は本人もよく覚えていないことがあるので、「時系列でまとめる」というのは、意外に良いアドバイスを引き出す重要なポイントになります。

ある程度書き進めたら、**「予測される体験」**についても書いていきます。「いまの状況が続くとどうなるのか」「このままだとどんな悩みが生じるのか」に触れることで、現状がさらにわかりやすくなります。なぜ今そう予測するのか客観的に捉えやすくなるので、「予測される体験」を考えることで「現状」も見やすくなるのです。

「環境（Environment）」の書き方について

おおまかに悩みの全体像を書いたら、細かい状況について「見える化」していきます。その際ポイントはたったの二つ。

①誰がいるのか
②どんな時に悩むのか？（悩みが発生する場所や状況とは？）

これを意識して書いてください。人間関係も含めた「悩みにまつわる環境」をより具体的に書いていきます。

①については、できるだけテーマに関わる人を書いた方が良いでしょう。「この人

が悩みの原因です」といった一人を特定して書こうとすると、意外と問題の本質がズレてしまうことがあるので、関係者やその悩みに付随して関わる人を挙げてみましょう。

先ほどの例でいえば、「上司、同じチームの同僚のAさんとBさん、相談した別の部署の上司、深夜残業時に顔をあわせる管理会社の人」や、「二歳半の息子、夫、通っているクリニックのお医者さん、保育園の先生のCさん」などとなります。

悩みを客観的かつ正確に把握できていない人ほど、次から次へと「登場人物」が出てきて収拾がつかなくなることがあるので、その点は注意してください。例えば、「同じチームの同僚はみんな関係者です」と言い、何十人も名前を書き出そうとする人がいますが、それでは大変ですし問題の本質が見えづらくなります。なかには本当に集団で事件や問題に関わって被害を受けて悩んでいる方もいるので、そういう場合はカウンセラーとの相談の際に、個々の具体的な人について相談するのが整理もしやすくベストです。ここではまず代表的な何人かを書きましょう。目安としては十人以下となるようにしてください。

②については、どんな場所、どんな状況に悩みが生じるのか。

例えば、上司から声をかけられたときに苦しくなるのか、または出社時に上司がデスクにいるだけで嫌なのか。または上司が仕事を持ってきた時に憂鬱になるのか、または上司とチームの同僚が揃った時に苦しくなるのか。はたまた、呼び出される部屋自体が嫌なのか、それぞれ悩みが発生する「環境」が異なります。どんな状況で悩みが発生するかを考え、その環境を書き出してみましょう。

息子さんの発熱が悩みの場合、「家」が悩みの発生する場所になるでしょう。その家で息子さんの苦しんでいる姿を見た時、咳き込んでいるのを見た時など、より詳しく書ければ書きましょう。

薄毛に悩んでいる人は、「生活圏全体」が悩みの環境になりますし、恋愛ができずに悩んでいる人は、「恋愛対象になり得る人がいる場所」全てが環境になることもあります。

また、「冬になると悩みが出る」という問題を抱えている相談者もいます。この「季節」といった要素も環境に含まれるので、思い当たる方は書いてください。場所がよくわからないという悩みを抱えている方は、盛り込まなくても構いません。

五つ以上の場面がある場合、カウンセラーに相談する際にそれぞれを話した方がうまく整理できると思いますが、ここでは多くても五つ以内に絞って書いてください。

「感情（Emotion）」について

つらい、苦しい、不安や焦りがあるなど、悩みが発生している時に感じている感情を書き出します。

まずは思いつくままに書き出し、最後にいちばん当てはまる感情を一つ選んで丸をつけましょう。私のカウンセリングでは「感情一覧」というものを用いて、相談者の方にそこから選んでもらっています。

一つに絞って選ぶことにより、自分の内面的な感情に向き合うので、客観的に気づけます。また、文字情報を通して自分の感情を再認識することで、悩みというネガティブな感情がどれほどの大きさで起きているのかを知れます。

書き出す際のポイントは、「感情 + 程度」で書き出すことです。

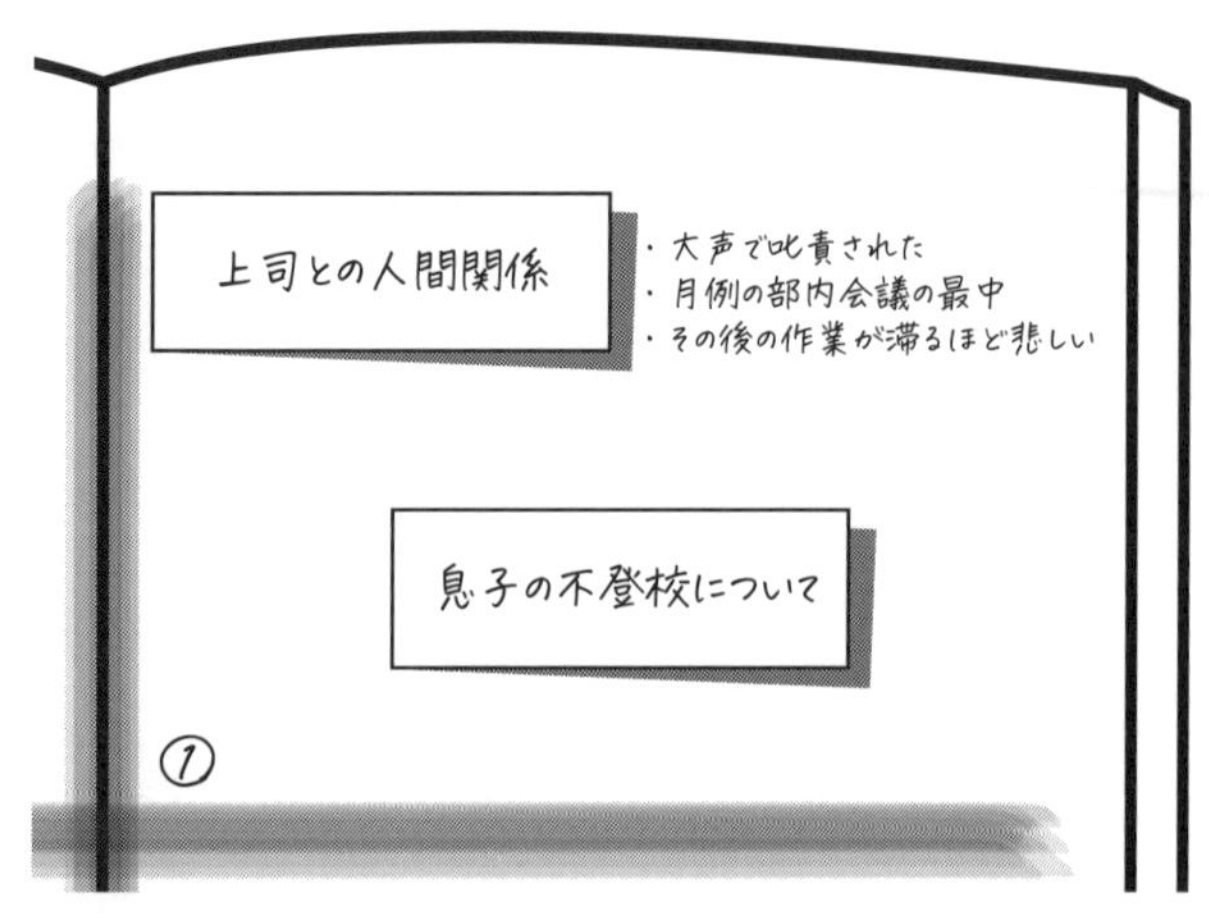

付箋近くのスペースに「3つのE」を書き出し悩みの外在化をする

例えば「苦しい」ではなく「すごく苦しい」「どうにかなってしまいそうなほどつらい」「何も手がつかなくなるくらい悲しい」「死にたくなるほどではないけど、心が苦しくなる」など、程度を加えるとより客観的に見やすくなります。

悩みに内在する気持ちを理解すれば自分を説明しやすくなるし、人に話す際にも感情に左右されにくくなるので、しっかりと相手に相談ができるようになります。その方がもちろん、相手も親身になってくれますし、解決しやすくなるのは言うまでもありません。

また、文字化することによって「悩みを小さく感じるようになる」という効果もあります。感情をコントロールできるような感覚になるのです。すると、環境は変わっていないのに、**この［ステップ4］のワークをやっただけで、問題解決に対する自信が上がることもあります**。実際に、カウンセリングで行うとその効果はてきめんです。

相談リスクの低下にもつながるので、是非やってみてください。

［ステップ4］については本章の「肝」となるため詳しく解説しましたが、これを行うだけでも相談時間を七割削減できると思っています。六十分のカウンセリングの場合、一般的には四十分程度がこれら項目の聞き出しになるからです。相談上手な人は序盤にまとめてくれるため、解決策を探ることにたくさん時間を使えます。

専門家やカウンセラーの相談は無料ではありません。

せっかく意を決して行くのであれば、お金も時間も節約でき、早く解決できるように「準備の精度」を整えていくのが最適な相談なのです。

［ステップ5］相談者を決めて予約する

［ステップ4］の作業をひと通り終えたあなたは、やる前に比べて自身の悩みの理解度が確実に高まっています。もしそれでも不安のある方は、自分が書き出した［ス

テップ4」の内容をもう一度俯瞰しましょう。そして改めて悩みを捉え直したら、次は相談者を決めるステップになります。

解決が難しいもののそれほど差し迫っていない悩みについては、専門家を見つけて相談の予約をするのが良いでしょう。解決したい事柄や方法が明確で深い悩みの場合も、専門家でいいと思います。例えば借金の返済方法で悩んでいる、または急に身体の具合が悪くなって会社に行くのもつらい場合は、カウンセラーに相談しても専門家を斡旋されるだけです。

しかし、自己関連度も高くなり、「お金・時間・健康・社会的地位」などを既に失い、どう解決していいかわからない場合はまず、カウンセラーを探して相談の予約をするのがいいでしょう。

カウンセラーを探す場合は、よほど人脈がある方でない限りネットで検索することが多いと思います。

その際にカウンセラーを選ぶ基準としては、サイトを見て緊張しそうなところは選ばないことです。本人の写真があるかどうかも基準のひとつです。

ときどき混同されている方がいますが、心療内科や精神科に行ってカウンセリングを受けようとする方がいます。心療内科や精神科は「診察」がメインなので、重点的に相談をしたい場合はカウンセラーを探しましょう。

料金については、一回一万円以下のところを探してみるといいと思います。一回六十分の設定が一般的です。最初は何人か試すつもりで、料金を試算するのが良いと思います。

ちなみに、**料金とカウンセラーの質はまったく比例していませんので、それが唯一の注意点でもあります**。安いから質も低いカウンセラーとは限りませんし、料金が高いから良いカウンセラーとも限りません。中には十万円ほど払ったのに、カウンセラーとまったく「合わなかった」という例まであります。

あくまで話しやすそうかどうか、緊張せずに話せそうか、という基準で選んでみてください。

[ステップ6] 当日は三十分前に現地へ行っておく

予約をしたらあとは行くだけ、と思って油断する人がいます。最後にもうワンステップ準備をしておきましょう。相談する「手前」までが事前準備です。**カウンセリング**

前にはワークの内容を読み返しておく、これを必ずやってスムーズに説明ができるようにしましょう。

最近はオンラインでのカウンセリングも増えています。Zoomなどのオンラインサービスでカウンセリングをする場合は、十五分前には席についてワークのノートを読み返すようにしましょう。それをするだけで心の準備は整っていきます。

オンラインで相談する際のポイントは、「集中できる環境」で行うことです。これが意外と盲点なのですが、自宅でそのままカウンセリングを始めると、家族の帰宅に気を取られたり、話を聞かれないよう急に小声になったりして、相談内容も当たり障りのない話になってしまうことがあります。家族に聞こえていなかったとしても、やはり心理的に安心して話ができなくなってしまいます。

玄関のベルが鳴って相談が一時中断してしまうこともあります。そういった外部環境によって相談が途切れないように、その時間だけは貸し会議室を借りるなど準備した方が、はるかに費用対効果も上がります。最近では一時間千円や七百円など、リーズナブルに借りられる場所もあるので、集中できる環境を整えておいてください。

本当に万全を期すのであれば、「ヘッドセット」の質も意外と重要です。カフェや貸し会議室などを使用される方で、周囲の雑音を拾ってしまうタイプのヘッドセットを用いる方がいるのですが、相談が聞き取りにくくなるので非効率です。とにかく相談には静かな環境がいちばんです。

現地に赴いてカウンセリングを受ける場合は、三十分前に到着しておくのが目安です。

移動する場合、ちょっとしたトラブルで遅れることがよくあります。定期的に必ず遅れて焦る方がいらっしゃいますが、心の準備が整わないとどうしても相談が乱雑になりがちで、六十分のうち五十分近くも状況説明に費やす方はもったいないなと感じます。

要望として多いのは、内容を忘れないために「メモをしたい」や、「ボイスレコーダーに録音したい」という声ですが、カウンセリングルームには用意していないこともあるため、それらは自分で用意しましょう。

ボイスレコーダーに関しては、カウンセラーが嫌がることもあるため、あまりおすすめしません。トラブル防止のために録音を禁止しているところもあるので、許可がでない場合はこだわらず、メモで残すのがいいと思います。実際にボイスレコーダーの内容を切り抜いて、カウンセラーが意図していない使い方をされるなどのトラブルもあるため、許可をしないことも多いでしょう。許可をしてもカウンセラーが録音を意識して、込み入った話をしてくれない場合もあるので、やはり効果的とは言えません。

許可をもらったからとスマホで録音する人もいるのですが、それはさらに悪手なのでやめましょう。

スマホの場合、カウンセリング中に一度は通知が来たりするので、そのたびに意識がスマホへ引っ張られてしまいます。記録を残したい人は紙とペンを用意するか、ボイスレコーダーを別途用意しておくくらいにしましょう。

内容の準備とは、「勇気を出す準備」である

6つのステップについて、いかがでしたでしょうか。

大変だと感じる方もいたかと思います。長年悩んできた課題に向き合うのですから、心理的負担も大きく、つらく感じるのは当然のことです。しかし、やることはどれもシンプルなものばかりです。

極端に言うなら、どんなに複雑で困難な悩みでもこの6つのステップを踏めば、

必ず解決に向かって進みはじめるのです。

長期にわたる悩みを解決するのは、相当な勇気も必要です。私自身かつて勇気を出せずに何年も悩み、一度勇気を振り絞って知り合いに相談したものの失敗して傷ついて、その後さらに数年間悩み続けて暗い毎日を過ごすことになりました。

前に踏み出せない人の気持ちは痛いほどよくわかります。

本書を手に取ってくださる方の多くは、おそらく大なり小なり深く長期的な悩みを抱えていることと思います。そんなあなたに最後に伝えたいのは、この6つのステップを実践するのはただ単に解決のための近道だけではなく、一つ一つのステップが「今から赤の他人に自分のことを話すんだ」というマインドセットにもなっている、ということです。

つまり、相談内容を整理する準備のみならず、「勇気を出す準備」でもあるのです。

ぜひ一度でいいので、本章のワークをやりながら「人に相談する勇気」を携えてほしいと思います。三つの悩みを最初に書き出しましたが、同時にステップ6までのワークをやる必要はありません。まずは一つの悩みに絞ってやるだけでも全然違います。

もしかしたら、ステップ6まで実行して準備の精度を高めたのに、カウンセラーとの相談がうまくいかない人も出てくるかもしれません。しかしそれは、決してこれまでと同じ状況に戻るわけではありません。

なぜならあなたは、「勇気」を出すことができたのですから。

その勇気は長期にわたる悩みを終わらせる原動力として、今後間違いなくあなたの人生を前向きに変えていってくれるでしょう。

そんな勇気のきっかけとして、本章を役立ててもらえればと思います。

第5章

悩みのない人がやっている最強の生活習慣

悩みをなくすよりも「自分を変える」ことのほうがはるかに大事

世の中の大半の人は悩みを抱えて生きていますが、不思議なことにほとんど悩みを抱えずに生きている人も確かに存在しています。

その人は生まれつきそういう性格なのか、と訊かれることがありますが、違います。本書の冒頭でも触れていますが、「うまく相談できる人」だから問題が発生してもその都度ちゃんと解決しているだけであって、普段は悩みなどないように「見えている」だけなのです。

本書は、目の前の悩みをなくすことを目的として書いたわけではありません。

「うまく相談できない自分」とサヨナラして、人生を変えてもらうために書きました。

つまり、「自分を変える」ために書いたのです。

悩みに対する一時的な解決方法を知っても、自分自身が変わらなければまた次の悩みに直面してしまいます。それではいつまでたっても、本当の幸せを手に入れることはできません。

本章では、「うまく相談できる自分」になるために、そういう人が普段からどういう習慣を持って過ごしているのか、どんなコツを身につけているのかを紹介しながら、生活に取り入れたい習慣のヒントをお伝えしたいと思います。

問題が起こっても解決する方法を学び、「そもそも悩まない人」になるための最後のお話です。

【生活習慣1】小さな「相談練習」を積み重ねる

なんでもないことや大したことでなくとも、自分だけで解決せずに人にも意見を聞く習慣をつけましょう。これは、**「相談の練習」を細かくしておく**、ということでもあります。自分でやった方が手間もなく、課題遂行も早いことはたくさんあるでしょう。しかし敢えて他人に状況を説明して、意見を聞く習慣を持つのです。

他人から見て「くだらないこと」でも構いません。それこそ、「今日の晩ごはん、何を食べればいいと思います？」といったことでも構いません。

なぜかいつも相談を聞いてもらえる人というのは、そのとき突然相談して親身になってもらえるわけではなく、**普段から「小さな相談」の積み重ねがあるからこそ、相談に対する「信用」もあり、アドバイスをしてもらいやすい環境がすでに整っているのです。**

また、普段からいろいろな人に小さな相談をしておくことで、誰がどのくらい相談を聞いてくれるのかも把握できます。意外な人が相談を聞いてくれたり、普段いい顔をしている人が実は全然他人の相談には乗ってくれなかったりするのはよくあるので、そういった情報もわかるようになります。

［生活習慣２］日頃から日記を書いておく

最近は携帯のアプリに予定を書き込む方が増えました。その影響から手帳を携帯しない人も増えていますが、**日頃から手帳やメモ帳に日記をつけておくことも有効**です。記憶が新しいうちにその日の出来事を簡潔にまとめる練習にもなりますし、いざ困ったときに見返すことで、正確な記録が残っていて功を奏することもあります。

文字に書いてまとめることが習慣になっている人は、ワークも他の人より抵抗なく行うことができるため、相談プロセスを短縮することにもつながります。すでに日記を書く習慣がある人は、**「出来事（体験）」「そのときの状況（環境）」「そのときの気持ち（感情）」の3E**に分けて書いてみることを意識してください。

紹介したワークを取り入れることで、もちろん日頃の記録としても役立ちますし、客観視する力もつくので、「うまく相談できない自分」から早く卒業できるでしょう。

［生活習慣3］ぬいぐるみに話しかける

意外と思われるかもしれませんが、**「ぬいぐるみに話しかける」**のも習慣としてはおすすめです。これは**心理学の観点から言うと「独話」と呼ばれるもので、「投影法」と呼ばれる手法の一種です。**

さらに怪しいと思われるかもしれませんが、ぬいぐるみのない人は「壁」や「写真」に向かって話しかけても良いです。

何かの対象に向かって発話し、自分自身の悩みや心の中を整理するのを、社会的成功を収めている人は意外とやっています。相談上手な人も例外ではありません。

話は少々逸れますが、俳優業の方がセリフを覚える時に、ただ台本を見ながらセリフを口にするのと、ぬいぐるみや壁に向かってするのとでは、やはり感覚は異なるようです。

独話には、対象に対して語りかけることで自分自身が発した言葉を客観的な出来事として整理する機能があります。

一点だけ気をつけてほしいのは、ぬいぐるみに感情をぶつけて整理しようとすることです。こういうことをしてしまう方は、心やストレスをうまく制御できない状態なので、ここで触れている前向きな独話ではなく、トラウマ体験やＰＴＳＤ症状などの精神的な支援が必要な状態の可能性があるので注意しましょう。

［生活習慣４］悩んだ瞬間にメモをする

日記と似ていますが、**「悩んだ瞬間にメモする」**というのも悩まずに生きていく上で役立つ習慣です。どんな人であれ、日々なんらかの悩みは生じているわけですが、解決の困難度が低いものだと未解決のまま「忘れてしまう」ことがあります。

それが大きな影響を及ぼさないものであれば良いのですが、**未解決のまま放置することで状況が変化し、後になって大きな問題に発展する場合があります。**

かわいい例でいえば、「夏休みの宿題」のようなものでしょう。

夏休みに限らず、宿題があることを忘れて放置しておくと直前になって仕上げなければならず、親から怒られたり、見たいアニメが見られずに学校で一人話題についていけなかったりと、より大きな影響を及ぼすことは日常にあふれています。

困難度が低いうちにメモして「未解決放置状態」にしないことは、悩みのない人生を送る生活習慣として押さえておきたいポイントです。

[生活習慣5] 相手の言葉に傷つかないために「いいところ探し」をする

「繊細さん」という言葉が広く普及しましたが、「うまく相談できない」と悩む人にはＨＳＰ気質（Highly Sensitive Person気質）の方が多いものです。

傷つきやすい人は、出来事に対する捉え方が極端に否定的だったり不合理だったりすることが多く、そのために普通の人ならば気にならないようなちょっとした出来事にも傷ついてしまい、悩みになってしまいます。

ただし、その価値観を変えるのは簡単ではなく、本格的にやろうと思うと「認知行動療法」などを受ける必要があります。ですから、**日常に取り入れる習慣としては、価値観を変えようとするのではなく「いいところ探し」がおすすめです。**

自分の「褒めたいところ」を集めて、それを文字として書き出して壁に貼っておくと、傷ついた時に回復しやすくなり、落ち込みすぎずに踏みとどまれます。自己肯定感を高めるものを目に触れる場所へ置いておくのもいいでしょう。最近では「推し活」と呼んで好きなアニメや漫画のキャラクター、アイドルやスポーツ選手のグッズなどを飾る人も増えています。

傷ついた時に動けなくなってしまう人が多いのですが、悩みが未解決で放置されることのリスクはこれまでも述べている通りなので、それを回避する習慣を普段から身につけておくのが有効といえます。

「いいところ探し」については、とにかく簡単な「スモールステップ」から始めて、自分を褒めるのがコツです。

「寝坊しなかった自分、すばらしい」

「玄関を開けただけですばらしい」

「コンビニに行っただけで大号泣！」

そんなちょっとしたことでも「今日はちゃんとできた」と思えたら、自分で自分を褒めてその内容を日記などへ文字にして残しておきましょう。**付箋に書き溜めて、一か月ごとにノートや大きめの紙へコラージュしてまとめるのも楽しい方法です。**

もちろん、「いいところノート」のような専用のノートを用意して、そこに書き溜めるのでも構いません。一日に一回で十分なので、見返すだけで気持ちが楽になります。

「自分のいいところばかり思い出しちゃう」という一冊をたくさん作って、いいところに毎日気づける自分を習慣化しましょう。

［生活習慣6］相談に乗って相談相手の人脈づくり

本章の冒頭で「相談の練習」をするのをおすすめしましたが、普段から**「人の相談に乗っておく」**のも重要です。いざという時に適切な相談者を探すのが相談の難しいところで、失敗しがちなポイントに関わっています。人の相談に乗るのは大変な側面もありますが、相談に乗っておくことでいざという時に適切な相談相手の候補が増えます。ちゃんと人に貢献した分は、後で返ってくるものです。

ただ、この習慣については成功している人や悩みのない人がみんな必ずやっているわけではないので、あくまで習慣のうちの一つとして考えてみてください。ただし、「すごく成功している人」であれば、必ずやっている習慣であることは間違いありません。

【生活習慣7】 リラックスリストを作っておく

何を隠そう、私も「敏感」な一人です。だからこそ大切にしている習慣があります。それが**「リラックスリスト」を作ることです。**

このリストを用意しておくかどうかで、まったく人生が変わってしまうと思います。私の場合のリストを少しだけピックアップしてご紹介しましょう。

悩みがある時は、心も身体も緊張状態になってしまうものです。私の場合、悩んだ時こそマインドフルネスや瞑想、ヨガや軽めの運動をすることにしています。それによって、気分をコントロールしてリラックス状態を演出することができます。

また、好きなお笑い芸人さんの動画を見るようにしています。そうするだけで、本当に心が回復したりするので、私はその芸人さんの動画を「回復剤」と呼んでいます。
以前までよくやっていたのは、ショッピングセンター巡りです。何か買いたいものがあるわけでもないし、実際に買うこともありません。ただ以前の自分には「ショッピングセンターを歩いている自分っていいな」と思うイメージがあったので、悩んだ時は必ず行くようにしていました。通販サイトでウィンドウショッピングをするのもおすすめですし、好きな小説を読み返すのは今でもよくやっています。

人によって、「ここに行くだけで気分が上がる」「ここのごはんを食べたら元気が出る」というものが一つくらいはあると思います。旅行に行くのが気分転換の人もいますが、私のように気分の上がる場所を普段からリストアップしておけば、そこに行くだけでも十分です。

もちろんいきなり「リラックスリスト」をたくさん埋めることは難しいでしょうから、まずは「ここのお店のコーヒーを飲む」などから始めるでも十分です。好きな場所、好きな食べ物、好きな飲み物をイメージして、リストに入れましょう。
楽器を弾くや、歌を歌う人もいますし、過去の自分が好きで昔のアルバムを見返すのをリストに入れている人もいるので、参考にしてください。

ただし、二つだけ注意点があります。

一つは「サークルのみんなで○○する」「あの人と××に行く」など、他者を絡めた内容はリストに加えないことです。

他者の状況によって左右されるものは、自分が必要なときにリラックス状態へ導けないので、このリストには適しません。あくまで「自己完結」できるものをリストに集めましょう。

二つ目は、自虐的行為は禁止です。

例えば、暴飲暴食をする、深酒をする、散財する、夜ふかしをする、喫煙量を増やすなどの身体を傷つける行為です。これらは結果的にもっと自分を苦しめることになるのでやめましょう。

他者は介在させず「今すぐ」「自分」でできることを中心に、リラックスリストを作成して必要な時に実行してみてほしいと思います。

人生を幸せにするのは、「相談」の力である

これまで「相談」というテーマで話をしてきました。

そもそも、なぜ相談をこれほど多くの人がしないかというと、私たちの多くが「自分で何とかしなければいけない」という教育を受けている側面があるからだと私は感じています。受験勉強は最たるものでしょう。宿題だって一人でやらないと怒られることさえあります。幼少期から一人で頑張るように言われてきたことが、私たちの意識に染みついて潜在的に残り続けるのを、さまざまな相談者を通して感じています。

しかし、私たちは社会に出た後、協力しなければいけない場面にたくさん出会います。そういう時に、迷子のように「どうやって人に頼っていいかわからない」「そもそも頼っていいのかすら、わからない」という人があまりにも多いのです。

だからちょっとした問題や瞬間的な悩みも、うまく相談して解決できずに複雑な悩みへと発展してしまうことが多いのでしょう。現代は本当にみなさん深い悩みを抱えているなと、日々の業務を通して実感します。

とあるクライエントさんの言葉で印象的だったのが「**どうやって人に甘えたらいいのかわかりません**」というものでした。これはかつて私もそうだったので、すごく胸に刺さりました。**なぜなら、その相談者に対して私は「甘えるための方法」を教えてあげることができなかったからです。**

その出来事からもう何年も経ち、今ではカウンセラーとして相談者に対応するだけではなく、カウンセラーの育成も手がけるようになりました。そうしてようやく、その時の答えがはっきりとわかるようになりました。

どうやって人に甘えたらいいのか、それはつまり「どうやって人に頼るか」という悩みであり、**その悩みの集大成が「人にうまく相談できない」という悩みだったのです。**

著名人の方が自殺して報道される度に「もっと早く相談できたらよかったのに」というコメントがあふれます。しかし、私たちは相談することを教えられていません。それこそが大きな問題なのだと思います。

本書では、これまで具体的に語られることのなかった「相談」について、そのメカニズムを紐解き、できるだけ最小限のノウハウとして提供しました。日本中にいる「うまく相談できない仲間たち」に届けたいという一心で、誰でも実践できて参考になる内容を書いたつもりです。

相談というと簡単に捉える風潮がまだまだありますが、私はあえてカウンセラーの立場からもう一度言いたいと思います。

相談というのは、すごく難しい作業です。だから、人生を幸せに生きていけるかどうかを決定づけるほどの影響があるのも、また「相談」の力なのです。

だからこそ本書で紹介した内容も、できるだけ簡略化して誰でも活用できるものを中心にまとめてはいますが、人によっては「しんどい」と感じる人もいたことでしょう。でも、「相談」がそもそも簡単にできるかのように捉えられている風潮が間違っているのです。

本書の内容を実践していただければ必ず「うまく相談できない自分」から卒業し、相談上手になれるような内容を余すところなく紹介しています。幸運なことに多くのクライエントや、生徒のカウンセラーたちが既にそれを証明してくれています。

最後にもう一度お伝えしたいのは、本書は決して目の前の相談に対処できるようになるだけの本ではないということ。

「うまく相談できない自分」から「相談上手」になり、悩みのない人生を楽しく過ごしていけるような自分に生まれ変わるための本だということです。

悩みを抱えたあなたが、本書によって少しでも変化する一助になれば、これほど嬉しいことはありません。日本中の人がみんな「うまく相談できない自分」から脱却して、自信を持てるようになるだけでも日本は本当に平和で住みやすい国になると信じています。

そんな社会を私はこれからも、「相談」を通して作っていきたいと思います。

おわりに　人生ではじめて本気で相談したときに起きた一番の奇跡

ここまでお読みいただきありがとうございます。最後に何をお届けしようかと「悩み」ましたが、私が「相談すること」の効力の大きさを思い知ったエピソードをご紹介させていただきたいと思います。

２０１０年初夏、30歳の私はどん底の中にいました。

住まいは1晩１０００円のシャワーつきネットカフェ。当然、無職でした。銀行預金残高は16万円だったと記憶しています。すべては自分が招いた事態でした。当時の私はすべてが嫌になり、誰も自分を知らない場所に「逃走」をしたのです。

幼い頃から私は「自由になりたい」「逃げたい」という強い願望を持っていました。いま思えば、「我慢すること」の大切さをくり返す両親への反発だったのかもしれません。しかし現実には逃げる勇気もなく、ゲームや恋愛にそのエネルギーをぶつけていました。

特にゲームは社会人になってからも中毒のようにはまりこんでいました。週末は当然として、仕事がある平日でも朝4時までゲームをし、朝8時には出勤する毎日をくり返していました。当然そんな状態では、仕事は上手くいくはずがありません。しだいに無理が限界に達していきました。

そうして28歳のときには8年間続けた仕事をやめて、以後は職業訓練給付金に頼る日々が続きました。落ちるところまで落ちている感覚があった私は、「もう誰にも相談できない」と思い込み、もはや実家や友人に助けを求めることもできませんでした。

そんな折、私はひとつの言葉に出逢います。

「無意味さと自己憐憫の暗闇のなかで栄光へとつづく運命の道の脇におかれたロウソクを（自分で）消してしまったのです。～中略～（神様は）天使さえもっていない偉大な力をあなたにあたえました。選択する力です。」

（『この世で一番の奇跡』（オグ・マンディーノ）より引用）

ただただ、打ちのめされました。

これまで私はずっと自分自身を被害者だと思ってきました。両親や職場の上司、友だちや恋人が自分にひどいことばかりする。だから今の状況から「逃げ出さなければならない」んだと。しかし実際は、それはただの「自己憐憫」に過ぎず、本当は他者を「悪役」に仕立て上げ、被害者意識にひたりながら何もしない言い訳をしていただけだったのです。「自ら成功へと続く道を照らすろうそくの灯を消して、『選択』して自己憐憫に陥っている」と語るオグ・マンディーノ氏の言葉そのものでした。

当時の私にとって、これはあまりに「不都合な真実」でした。でも、それに気づいたところで、たった一人の無力な自分にはどうすることもできません。「不都合な真実」を抱えて混乱した私は、やがて本当に何もかもを捨てて、ついに冒頭のネットカフェに逃げ出すことを選んだのです。

とはいえ、逃げ付いた先のネットカフェでできることといえば、漫画を読むかネットをやることだけです。そこで私がひたすら検索したのが「悩み」「相談」というキーワードでした。

その中で私は1つのネット掲示板にたどりつきます。おたがいが心の悩みを打ち明けあう温かい空気に、私はたまらず自分の現状と今日までの苦しみを長文で書き込みました。

人生でおそらくはじめて本気で「相談」した瞬間でした。

すると、ひとつの返信が届きました。ハンドルネームは「おばはん」。届いたメッセージは次のようなものでした。

「もし私があなたの親だったらこんな時こそ頼ってほしいと思うよ」

普通の人からすれば、あまりに当たり前の回答かもしれません。でも私の心は震えました。そして、本当に実家に戻り両親に直に相談することにしたのです。

実家の両親は想像の何倍も温かく私を迎えてくれました。私はそこから新しい人生をやり直し、今に至っています。すべては本気の「相談」ができたことがきっかけでした。「相談すること」は、ただ人に甘えることではありません。

「相談」とは過去に向けた自己憐憫をやめ、今とは違う新しい未来を選ぶための宣言でもあります。どんな状態からでも、もう一度人生の主役の座を取り戻すための挑戦状なのです。

私はこの原体験をもとに、その後カウンセラーとして「相談」自体のあり方や「相談」自体が持つ力について模索してきました。その集大成が本書です。

幸い近年は「相談する」こと自体の重要性が研究されはじめています。２０１２年から３年間、東京都医学総合研究所は４５００人の子どもに向けて聞き取り調査をしました。そして世界保健機関（ＷＨＯ）の幸福指数をもとに、子どもたちの幸福度を数値化したのです。その結果、「幸せ」を感じやすい子どもは次のふたつの傾向があることが分かりました。

①周囲に困っている人がいたら積極的に助けると答えた
②自分が困ったときに相談できる人がいると答えた

さらにもうひとつ、面白いことがわかりました。

調査チームは、子どもたちの母親にもこんな質問をしました。

「あなたが困ったときに相談できる人はどれくらいいますか？」

そして、お母様方が頼れると思う人の数とそのお子さんの幸福指数の関係を測定しましたのです。

結果は、予想どおり相関関係がありました。「0人」と答えたお母様の子どもの幸福指数は【73】だったのに対し、6人以上と答えたお母様方の子どもの幸福指数は【82】でした。「相談できる」だけで自分だけでなく、周りにいるあなたの大切な人も幸せを感じることができるのです。さらに「うまく相談できる自分」になれば、いったいどれほどの人を幸せにすることができるでしょうか。

本書を一度ご覧いただいたあなたは、きっと相談に対する姿勢がガラッと変わったことと思います。ぜひ、これで終わりにするのではなく、本書のワークに取り組んでみたり、くり返しお読みいただりすることで、あなた自身が「うまく相談できる自分」へと変わってほしいと思います。

あなたが「相談」をするたびに、人生の見える風景は確実にかわり、幸せが広がっていくことでしょう。30歳の頃の私には想像すらできなかった、いま私が見ているこの風景を、ぜひあなたにも見てほしいと、心からそう願っています。

最後に、本書の出版までに本当に多くの方々にお世話になりました。

特に編集の労をおとりいただいた山中進様をはじめ、イースト・プレス社のみなさま、心理の専門家である公認心理師としての視点も持ちながら二人三脚で本書の取材・構成にご尽力いただきましたこはく社の綿谷翔様、完成まで常に応援していただいた望月俊孝さんをはじめとしたヴォルテックスの仲間、この本を作るきっかけと勇気を与えてくれたカタリストカウンセラー、ホームカウンセラーの仲間、そして何よりも私に生きる意味を授け続けてくれている妻と娘、最後にこの世に生を授けてくれ最大の愛で育ててくれた母と父に心からの感謝を申し上げ、筆を置きたいと思います。

2023年2月

神戸正博

神戸プレミアム
LINE グループ

「うまく相談できない自分」にサヨナラする本

神戸 正博（かんべ まさひろ）
1979年東京都生まれ。心のスペシャリスト。離婚、自殺未遂、引きこもり、ホームレスを経験。相談に行くことが恥ずかしくて悩みを1人で解決しようと12年間もがき続けたものの解決しない日々を送る。やっとのことで頼った精神科では、むしろ医者側に傷つけられ絶望する。そんななか、たまたまネット掲示板で「相談」した匿名の人のたったひと言の返信がきっかけとなり、命を救われたことで「相談」の力を信じてカウンセラーの道に進みはじめ、2013年から個人カウンセリングを開始。ただ相談に応じるだけではなく、相談者本人の「相談力」を上げる新しいカウンセリング手法は「どんな悩みにも対応できる」「その後の人生が圧倒的に楽に生きられるようになる」と話題になり、クライエントだけでなくカウンセラー志望者も殺到。1500人以上のカウンセラーを育成する。現在は筑波大学、十文字大学、郡山女子大学、埼玉県教委委員会など、250回以上の講演会活動を行い、カウンセリングとあわせて1万人以上の人々を救ってきた。

2023年3月17日　第1刷発行
2023年4月20日　第2刷発行

著　者	神戸正博
取材・構成	綿谷翔（こはく社）
カバーイラスト	ハバメグミ
ブックデザイン	bicamo designs
発行人	永田和泉
発行所	株式会社イースト・プレス 〒101-0051 東京都千代田区神田神保町2-4-7久月神田ビル Tel.03-5213-4700／Fax.03-5213-4701 https://www.eastpress.co.jp
印刷所	中央精版印刷株式会社

 ISBN978-4-7816-2186-9